超多忙な教師たちを救う学校改革の極意

努力の前に、仕組みを変える。

西留安雄 著

教育開発研究所

はじめに――多忙を生まない「仕組み」をつくる

教員の勤務時間の長さが問題となって、もう長い時間が過ぎた。
これまで全国の学校で、学校行事の簡素化や廃止、会議の削減、ノー残業デーの設定、ＩＣＴの導入など、様々な工夫がされてきた。しかし今なお、教員の多忙が改善されたという話は聞かれない。それはなぜだろうか。

学校は子どものためにあると思う。だが、子どもの考えより、教員の考えが優先され、教員側の論理で学校が成り立っていると言っても過言ではない場面に遭遇する。その結果、教員が自分たちで多忙を創り上げていることがある。

その一つが、「教員みんなで決める文化」だ。共通理解が大事だという論理で、何回も何回も会議を開く。教員は誰しも「ゆとり」が欲しいと思っているのに、である。不思議なことだ。

授業改善もその一つだ。新学習指導要領では、「主体的・対話的で深い学び」の視点による「子どもの学び」の面からの授業改善が求められている。しかし、いまだに多くの学校では、教員だけで集まり教科の指導方法の研究に多くの時間を割いている。

国や教育委員会も、「教員の働き改革」について正面から議論を行った。教員の多忙をなくすための指針も出された。その結果、校務の一部を教員以外の方が担当するようになり、早帰りの呼びかけも行われた。とても評価できることだ。

だが、多忙解消の糸口まではたどり着いたが、その先はまだ霧の中にある気がする。様々な提言が、校門の前で止まっているように思える。

それは、学校内部からの改革が進んでいないからだ。学校にありがちな「変えない文化」が存在する限り、いくら外圧があっても学校は変わらないと思う。

訪問校からいただいた貴重なご意見が、参考になる。

「働き方改革は、働き過ぎを改めるのではなく、働き好きを減らすことだ。教員は、この仕事が大好きで教職に就いた者が多く、自分のやりたいことをやっているうちは何時になっても仕事をしている。これにより、他の教員も働き好き教員のクオリティに合わせなくてはならず、定時退勤など無理な面がある。働き好き教員の意識改革がされない限り、この業界から残業はなくならない」。

教員個々に由来する問題だとは思うが、思い当たる節もある。教員個々に仕事を任せ過ぎると、こうした問題が起きる。

学校は組織体である。教員個々の働き方の考えも重要だが、管理職をはじめ学校のリーダーが、働き方に一定の方向性を出す必要がある。それがないと教員の多忙は解消されない。

本書では、学校の多忙解消を実現させる、校務改革の手法をご紹介している。

学校には教員の異動があり、その後も子どもたちは同じ学校で学び続ける。だから、多忙解消のためには「人」に頼るのではなく、**多忙を生まない「仕組み」をつくってほしい**。

とくに聖域化された学校の文化や慣習を変えるためには、本書で示す校務改革のポイントに焦点をあて、そこを「仕組み化」するとうまくいくと思う。

私が十数年前から行ってきた経験と蓄積を、日々奔走している学校の皆様に少しでも役立ててもらいたいと願っている。

新しいことを起こそうとすると思わぬことに出合う。挫折もする。

本書は、それを乗り越えるためのバイブルである。

ぜひ、本書に記した校務改革のノウハウを、全教職員で共有化していただきたい。

令和3年4月　西留　安雄

目次

3章　「多忙」を生まずに授業改善する極意

4章　「多忙」を生まない学校行事の極意

5章　トラブルを生まない学校運営の極意

序章

「多忙」な学校は、校務と授業の両輪で変える

序章

「多忙」な学校は、校務と授業の両輪で変える

学校の常識を破りシステムを変える

私は、かつて東京都東村山市立大岱《おんた》小学校に校長として7年間在職し、指導困難校と言われていた同校で授業と校務の一体改革を行い、都内でトップクラスの学力に引き上げた。

それまで様々な学校で学力向上に取り組んできたものの、研究が日々の指導につながっていかないなどの課題を感じていた。

そこで「教員全員が参加し日々の授業改善に資する校内研究に取り組むためには、これまでの学校の常識を破り根底から変革していく必要がある」と考え、2章以降で詳しくご紹介する「新学校システム」の構築に取り組み、校務改革を行った。

「新学校システム」では、プランを立ててから行動するＰＤＣＡではなく、ＤＣＡＰサイクル（D行動してから、Cチェックして、A改善、Pプランを立てる）という流れを提案し、取組を進めた。

また、平日の会議や面談を廃止し、長期休業期間を活用することなどで余剰授業時数を生み出し、放課後学習を実施して子どもたちの学習時間も確保した。

校務改革を土台に、両輪として授業改革を行う

次に、これを土台として、学力向上に資する「新校内研究システム」に取り組み、授業改革を行った。校内研究の課題である「全教員が研究授業をしていない」「形式的になっている」「日々の指導につながっていない」を解決するためである。

理想とする授業を「教師の出番が少ない、子ども同士の対話で進めていく授業」とし、授業にも「ＤＣＡＰ」を取り入れて、全員が模擬授業をしてから（Ｄ）、ワークショップ形式でチェックし（Ｃ）、改善点を検討して（Ａ）、次回のプランを練る（Ｐ）という流れを確立した。

このように、多忙解消に向けて校務改革を行うときは、単に仕事を減らすことがゴールではなく、最終的に授業や子どもたちの学びの改善につなげることを意識し、授業改革との両輪で行うことが大切である。

なぜなら、学校で子どもたちが過ごす時間、そして教師が仕事をする時間の大半は、「授業」だからだ。

授業に子どもの力を借りる

私たち教師の願いは、子どもたちの学力向上と、教師の働き方をうまく両立することである。この両者を同時に解決する方法がある。キーワードは、「授業に子どもの力を借りる」ことである。

教師の一番の仕事は授業である。そして、教師は翌日の授業準備に大きな時間を割く。その時間を短縮しない限り、勤務時間の問題を根本的に改善させることはできない。

子どもたちが「授業は自分たちでするもの」という意識を持てば、授業に意欲的に向かうようになり、主体的・対話的で深い学びにつながる可能性も高まり、学力向上も見えてくる。

その結果、授業準備の負担も軽減され、授業での学力の定着も高まる。これは私が指導した実践校で証明されている。

これは決して「教師が楽をする」ためのものではない。むしろ、授業改善を重ね、子どもに学び方を身につけさせ、学習意欲を高める工夫を重ねるなかで、副次的に生まれた効果である。しかし、その効果は予想以上に大きかった。

子どもに授業を助けてもらう、このことこそ究極の働き方改革である。

「学習過程スタンダード」で校内全体の授業力を上げる

こうした授業改革を実現させる中心を担うのが、問題解決的な授業の流れを示した「学習過程スタンダード」（186頁参照）だ。めざすのは「主体的・対話的で深い学び」につながる授業である。

教師の巧みな技による授業は、その教師だけが「すごい授業」となる。こうした授業をこれまでたくさん見てきたが、それが校内すべての教師のものとはならない。

私たちが何より見たいのは、子どもたちの目の輝く授業だ。それもクラス全員、学校全員の子どもが満足する授業だ。

そこで、勤務校の授業力を上げるために、教師一人ひとりのバラバラな授業スタイルをスタンダードの形にした。手ごたえを十分に感じた。多くの県からの研修依頼も受けた。そのなかで、ある県から派遣された教師の言葉が忘れられない。

「この学校では、各先生が自分の判断だけで授業の展開を組み立てていくのではなく、同じ学年の先生方が協力して一つの指導案を作成しています。だから、どの学級でも、ほとんど同じ内容や方法の授業展開が行われているのです」。

このような仕組みで授業を行っていたので、校内全体の教師の授業力が向上した。

子どもが授業を創れるように、教師が後押しする

学習過程スタンダードの作成にあたっては、全教師で学習指導要領の趣旨を分析し、「子どもが自ら学ぶ」というキーワードが綿々と引き継がれていることに気づいた。

このことを自校の授業に照らし合わせてみると、教師側からの指導方法や授業改善に終始していて、子ども側からの視点で授業改革を進めていないことに目が覚めた。

そこで、学習過程スタンダードは、子どもを真ん中に据えた授業を行い、子どもに学び方を身につけさせることに主眼を置いた。

授業は教師が創るのではなく、教師は授業で「黒子役」となり、子どもが授業を創るように後押しをする役割とした。

授業のなかで、子どもができるところは子どもに任せ、教師は、教師でないと伝わらないところに指導の力点を置き、精選洗練されたポイントを効果的に伝えるようにする。「教師の出番をできるだけ少なく」が鍵となる。

学び方を身につけた子どもたちは「教師に頼らず学ぶ」

この「学習過程スタンダード」を全国各地でご紹介してきた。幸い訪問校では「学習過程スタンダード」が浸透し、教科横断的に行うことで、子どもたちは問題解決的な学習過程に慣れた。

学習過程スタンダードは型であると厳しい批判も浴びたが、成長した子どもの姿を見れば、その成果は一目瞭然である。

当初は、教師向けの冊子として作成したが、日を追うごとに、子どもたち自身が教師と同じように授業の進め方と学び方を身につけてくれた。

すると、予想しなかったことも起きた。「教師に頼らず学ぶ」ことができるようになった。これまでの授業の常識であった「教師が教える」が覆り、子どもたちは自分たちで学ぶようになった。

子どもたちが学び方を身につけたことにより、学力が自然と向上しただけでなく、ますます教師の出番が減り、学習指導にかかる時間も減った。

これまで教師が行ってきた板書や授業準備等も子どもたちが行う。まさしく、自分たちの学習を自分たちで行うようになったのである。その裏には、子どもを信じ、授業を子どもに委ねるという教師の姿勢があったからだ。

「教師をこえる授業」さえ生まれる

これは、いきなりできることではない。子どもたちが学び方を一つ一つ覚え、自分たちのサイクルで授業を回せるようになるまでには時間がかかる。

しかし、訪問校の多くは、教師がいなくてもかなり授業ができるようになった。学習過程スタンダード進化形の一つ、「セルフ授業」だ。

通常の学校であれば、教師が不在のときには自習が多い。だが、学習過程スタンダードを身につけた子どもたちは、教師がいなくても自分たちで授業を進める。

中学校の英語の授業では、子どもの学習リーダーが「オールイングリッシュ」で授業を進めている。

これまで考えられなかったような「教師をこえる授業」さえ出てきている。これが本来の授業の姿かもしれない。校務改革と授業改革は連動していることにぜひとも気づいていただきたい。

なお、本書は学校改革の土台となる校務改革の内容が中心となる。授業改革や「学習過程スタンダード」の詳細は、私のブログ「西留安雄の教育実践」（185頁参照）や、拙著『アクティブな学びを創る授業改革』（ぎょうせい）を参考にしてほしい。

1章

「多忙」な学校の現状と改革のポイント

なぜ学校はこんなにも忙しいのか

学校の働き改革について議論され、中央教育審議会から答申も出た。

しかし、予想はしていたが、学校現場には十分に浸透していない。制度の面では一定の成果が出たが、本物の学校改革にはつながっていないと思う。なぜだろうか。

それは、多忙を生み出す学校内部の独特の仕組みや、業務一つ一つについての具体的な議論が少なかったからだ。

学習指導要領が変わり、新しい教育内容や教育的価値に取り組むことを要請されていながら、学校は過去の仕組みを引き継いだままとなっている。過去の仕組みを変えないと学校はパンクする。

何を削るのか、何を抜本的に変えるのかを、学校現場発で主体的に打ち出していけると、学校は変わると思う。

そこで本項では、学校で多忙がどのように生み出されているのかを分析してみたい。

「どこまでやればよいか」の指標がない

教員が勤務時間の多くを割く業務として、●子どもの提出物の採点・点検、●次の日の授業の準備、●教材研究、●習熟に時間のかかる子への指導、●おたよりの作成などがある。

これらは誰にやらされているわけでもなく、子どものために、保護者のために、多くの教員が自発的に行っている。しかし、そこに多忙化が潜んでいる。

なぜなら、これらの業務には「どこまでやればよいか」が明確に決まっておらず、教員個々の裁量に任されていることが多いからだ。

ノートに一言ではなく何行もコメントを書いている。一度きりしか使わないワークシートを丁寧に作成している。それも時間外に。丁寧なのが仇となっていないか。

働き方改革のために「チーム◯◯」と掲げても、多忙の原因の大半を個業の部分が占めていては、改善を図ることはできない。

そして、時間外勤務手当がないこともあり、教員は他の職種よりも「時間外勤務をしている」という意識が薄い。その結果、定時以降学校に残ることに違和感がない教員が出てくる。

こうした働き方改革のストッパーを取り除く一つの方法として、校内で「学習過程スタンダード」を導入することが有効である。授業スタイルを統一することで、教員の個業化を防ぐことができる。

「子どものため」に際限なく対応してしまう

「子どものため」という思いが強く、長時間をかけることが教育の質の向上になると考えている教員もいる。しかし、子ども一人ひとりの個性やニーズは異なり、すべての要望に対応しようとすると、業務は無限に沸いてきてしまう。

子どものために働けば働くほど忙しくなり、自らの首を絞めることになる。保護者からの要望もあって、これまで行っていた活動をやめられず、広がる一方になってしまう。スクラップ&ビルドのスクラップがないまま、ビルドが続いてしまう。

学校として対応すべき要望の考え方を示しておき、そこに該当しない要望等については教員個々の判断に任せず、管理職層の判断を仰ぐようにするとよい。

教員の業務内容や業務分担が明確になっていない

担任になると、教科指導、生徒指導、教育相談、行事等の計画準備、場合によっては保護者への対応。関係が悪くなるとさらにクレームへの対応に追われる。目に見えない様々な仕事もある。教科書注文・備品・会計・就学援助といった事務的な部分まで、すべて教員が担っている。

学校の分掌組織は一般企業のように仕事の分担が明確になっていないため、校務分掌にかかわる事務や雑務などが際限なく発生する。

教員の業務内容を「見える化」できる分掌組織とする必要がある。

全員参加の職員会議が、先延ばし体質を生んでいる

「昨年もやっていたから」「この学校はこうだったから」という理由で、様々な提案が職員会議に出される。

そして、みんなで確認しないと前に進めない風土があり、教員全員を集めてひたすら確認作業を繰り返すスタイルが今でも続いている。クラスの学級会感覚で、大人の各種会議をとらえているからであろう。

ここに大きな人的コスト・時間的コストがかかっている。

どんな会議でも、大人数が集まれば様々な意見が出てくるため、話し合いは長くなり、

その場で何かを決定することはむずかしくなる。

そして、教員全員が集まることで横並び意識が働き、結論先延ばし体質となる。新たな提案が出されても「次年度以降も検討していきましょう」というやんわりとした言葉で片づけられることが多い。

結局、何も変わらずに次年度を迎え、多忙な1年を繰り返すことになる。

全員参加の職員会議ではない事案決定の仕組みを設ける必要がある。

校内研修や指導案作成の負担が大きい

各校の校内研修の充実は飛躍的に進んだと感じる。授業力向上にかかわる各研修会において、熱心に討議され改善が行われているからだ。

だが、これによって学力向上につながったという報告はあっても、勤務時間が軽減されたという話はあまり聞かない。

逆に大変になった、苦労の割には期待された結果が見えなかった、その場限りの授業や研究になってしまって継続できなかった、などの否定的な声を聞く。

それは、学習指導案の作成や事前審議・事後研修に時間をかけ過ぎているからだ。従来からの複雑な学習指導案を書かせたり、分厚い研究紀要を作成するなど、教員のための研究で終わっている傾向がある。

そこで、学習指導案の形式を簡略化するとよい。学習指導案には、児童（生徒）観、教材観、指導観などを毎回記入しなくてもよい。指導計画もコピー&ペーストで張り付けて、本時のみ詳細にするなどの工夫があるとよい。

こうした校内研修のスリム化や見直し等を行うためには、校内研修の手引書を作成することが重要である。

ICT化が遅れ、根強い紙文化がある

学校のICT化が遅れている。何でも紙に起こすため、紙ベースの起案書類が多く、紙の処理に時間がとられている。机上が紙類であふれ、仕事の効率が低下する。誰でもいつでも見られるICTの仕組みを整え、紙ベースの書類を極力減らすとよい。

授業においても同じである。教師主導の板書と教科書の内容をなぞるような授業をまだ目にする。

子どもたち一人ひとりがICT機器を使い、リアルタイムでの意見の集約、クラウドを活用した資料作成やコメントの共有、カメラ機能を活用した撮影や録画などを取り入れていくと、授業の質も変わる。

学校の外部から業務が押し寄せる

学校の多忙は、内部の仕組みだけの問題ではない。学校の外部から押し寄せる業務には、次のようなものがある。

(1) デスクワークの増加

各種書類の作成や、学習指導案の作成に膨大な時間がかかっている。

実施計画や実践報告の作成をはじめ、提出すべき調査やアンケートが年々増加傾向にあり、デスクワークが増加している。さらに、指導要録や健康診断票といった公的文書の処理もある。

(2) LINE（SNS）など校外トラブルの指導

LINEによるいじめ、トラブルも後を絶たない。本来は学校外の問題だが、人間関係が学校内にも及ぶため、指導しないわけにはいかない。

同様に、学校外における子どもの地域での迷惑行為にも、教員が対処すべきという風土がある。「学校外のことは家庭で」とはなかなか言えない。割り切れない。

(3) 学校は何でも屋問題

これまで学校は何でも屋として、様々な業務を担ってきた。作品展への出品・掲示・

搬出搬入、募金の取りまとめや送付、各種チラシの配付、コロナ禍で言えば消毒・トイレ清掃・検温などが新たに増えた。

しかし、学校がそれを止めると、子どもの成長や安全に弊害があるかもしれないと思うと、現状を変えることがなかなかむずかしい。地域と連携して見直していく必要がある。

(4) コミュニティ・スクール制度の負担

学校と地域の連携強化を図るため、コミュニティ・スクール制度が広がっているが、地域住民の幅広いニーズや価値観に疲弊しているケースが見られる。

新しい組織ができても、スクラップ&ビルドが上手くできていないため、ただ業務が増えただけと感じる教員もいる。

制度をうまく機能させるためには、何かを整理しなければならない。

(5) 一部の子どもを対象にした行事や大会の負担

「陸上記録大会」や「相撲大会」など、教育委員会主催（後援）の一部の選抜された子どもたちを対象とした行事や大会のために、膨大な仕事が生まれている。

この大会の参加対象は、身体能力に優れ、多くは習い事で鍛えている一部の子どもを対象としているため、本当に学校がやるべきことなのか見直す必要がある。

コロナ禍で変わったこと、変えていくべきこと

新型コロナウイルス感染症によってたくさんの方々の命が奪われた現状があるゆえ、コロナ禍を安易に肯定的にとらえるのは控えなければならない。

だが、ここではあえて教育という側面から、コロナ禍によって学校関係者が気づかされたこと、学校現場において変わらなければならないことを記してみたい。

これまでの学校教育を振り返る機会とする

「人と人との接触を回避」。これがコロナ禍における、今までの日常との大きな転換であった。今まで普通に行われていた対面型の授業にまで気をつけなければならない日がやってくるとは、本当に予想もしていなかった。

そのため、対面型授業にブレーキがかかり、そのためペア学習やグループ学習にも抑制がかかった。学力や対人関係能力が飛躍的に伸びる時期に、それを学ぶ機会を削減されてしまうことは、子どもたちにとって大きなマイナスであろう。

しかし、学校は学びの歩みを止めることなく、関係機関もでき得ることを考え、最善の策を講じてきた。マスク着用や換気などの対策に加え、ＩＣＴなどの教育通信機器を積極的に活用し、その技術が大きく進歩した学校もある。

今回の事態を、「自分たちの今までを振り返る時間を与えていただいた」「これから先、よりよい社会を築いていくために何が大事か考える機会をもてた」「人や世界や環境・健康について熟考し、視野を広め知見を深めることができた」と前向きにとらえ、今まで学校で行ってきたことが本当に必要だったのか、疑ってみる機会ととらえるとよい。

ＩＣＴの活用により教育の可能性が広がった

新型コロナ対策の一環として、「オンライン授業」や「事前に撮影した合唱や発表等の映像を学校祭や大会で流す」といった方法が各地で実施されてきた。

そして、ＧＩＧＡスクール構想による一人一台端末の整備が急速に進められたことは、大きなチャンスととらえたい。

ＩＣＴを活用すること自体が目的ではないが、ＩＣＴを活用することで教育の可能性が大きく広がったことは事実である。

対面型授業においても、基礎・基本の習得にはアプリケーションを活用して板書等にかけていた時間と労力を減らし、子どもたちが意見や考えを主体的・対話的にやり取りする場面にしっかりと時間を確保することで、毎時の授業を活性化することもできるだろう。

身をもって経験したＩＣＴ機器の長所と短所を整理し、今後の教育活動のなかで生かすとよい。

当たり前だった学校行事を見直すことができた

これまで当たり前のようにやっていた運動会や遠足、家庭訪問、授業参観などができなくなった。

しかし、この例年とは違う特殊な状況に置かれたことで、「これまで疑いなく継続して行ってきた各行事が、本当に必要なものだったのか」「ＩＣＴなど別の方法を用いて実施できるのではないか」などについて考えるよい契機になった。

また、各行事に来賓等を呼ばなくなったことで、見た目のきびきびした動きなどを求める必要がなくなり、教育活動本来の目的が意識されるようになった。練習も短時間で済むようになり、教師の意識改革も進んだ。

運動会や体育祭を半日日程で開催したところ、保護者から「負担が減った」と高評価を得られたケースもあるようだ。

新型コロナによる学校行事の見直しは、自分たちの働き方を見直すきっかけにもなった。今後も行事の精選・簡略化、校務分掌の見直しが必要である。

新型コロナ対策はインフルエンザにも有効だった

新型コロナを警戒していたことで、インフルエンザに感染した子どもがいない学校がある。マスクや手洗いなどの感染対策を万全にすれば、インフルエンザの流行も防げることがわかった。

今後、たとえ新型コロナが収束したとしても、冬場に学習発表会などを開催する際に今回の経験を活かすことで、インフルエンザの蔓延を防ぐことができるだろう。

研修等で人が集まる必要がなくなった

教員の集合研修は中止か規模縮小となり、研修の形も変わった。ウェブを活用した研修を行うことで、人が直接に集まる必要がなくなった。

とくに出張が大幅に減ったことで、旅費や移動時間の節約になり、服務的な届出を作成する時間も解消された。今回限りにせず、今後も引き続き実施していく必要がある。

日本のICT環境の脆弱さに気づいた

新型コロナは、日本と海外のＩＣＴ環境の違いに目を向けるきっかけになった。

長期の休校措置が決まり、多くの国が「オンライン授業に切り替え……」と報道される一方で、日本では「プリントを印刷して……」というように、国全体としてのオンライン学習環境の脆弱さがあらわになった。

休校措置中のある学校では、「学習指示書と課題集」を紙ベースで作成した。それを保護者に取りに来てもらい、再び保護者が持って来て、また新しい課題を受け取る、ということを毎週繰り返していた。

オンラインなら一瞬で終わる課題の受け渡しに、保護者にも教員にも、相当な負担がかかっていた。こうしたスタイルを変えていくことが必要である。

1章 「多忙」な学校の現状と改革のポイント

校務改革を成功させるポイント

本書で紹介していく校務改革は、学校の多忙を解消し、子どもと接する時間を生み出すとともに、学校の仕組みを大きく変えることになる。

こうした改革を成功させるために管理職が留意してほしいポイントを、私の経験をふまえて何点か示したい。

校務改革は学力向上につながることを示す

校長時代に、学力調査の結果を元に、関係機関より改善策が求められた。

自校の学力向上策として、校務改革を行って時間を生み出し、放課後学習を毎日行うことを報告書にまとめたが、なかなか理解されなかった。即効性のある対策が求められていたのだろう。

しかし、急がば回れの考えで、学力向上には子どもと接する時間を生み出すことが何よりも大事だと考え、その後も校務改革の資料を作成し提出した。

学習課題に喫緊に対応することも重要だが、子どもと接する時間さえあれば学力の向上は図れる。子どもたちの変容を見て、教員もこのことに気づいてくれた。

校務改革を実施する際に教員の理解を得るには、教員にゆとりが生まれること、子どもと接する時間が増えて校内が落ち着くこと、そして学力向上につながること、これらを示すとよい。

大きな制度改革の時期をとらえる

校務改革をするには、学習指導要領の改訂の時期が一番のチャンスだと思ってきた。この時期は、多くの専門家が学習指導要領改訂の趣旨を伝え、教育委員会もその方針に沿う形で学校に改革の指針を出すため、改革の機運が高まる。

また、ＧＩＧＡスクール構想による一人一台端末の整備という大きな制度改革もあり、ＩＣＴ環境の整備とあわせて行うのもよいだろう。

「学習指導要領が変わったので学校を変えよう」「ＩＣＴをもっと活用できるように学校を変えよう」と言えば教員はついてくる。校務改革もできる。

働き方改革を学校経営方針に掲げて実行する

教育委員会から、業務の改善や勤務時間の縮減などに関する働き方改革の指針が出されている。校長はその趣旨を学校経営方針に掲げているだろうか。そして、その趣旨は教員に十分に浸透しているだろうか。

校長の学校経営方針は、単に校長の方針を教員に示すだけでなく、その方針に沿った施策を実行するかどうかが鍵となる。

たとえば、これまでの人事評価では、教科指導や学級指導の功績が評価される際、それが長時間労働によって成し得たものかどうかまでは考慮されなかった。

そこで今後は、学校経営方針に沿って人事評価の基準を見直し、勤務時間を大幅にオーバーする教員への高評価を控え、勤務時間を守りながら子ども主体の学校づくりに取り組む教員を高く評価するようにするとよい。

スーパーティーチャーはつくらず、全教員の底上げを図る

「うちには校務改革は必要ない」という学校ほど、実は要注意である。優秀なスーパー

ティーチャーが、人の何倍もの業務をこなしていないだろうか。その教員がいなくなったときのことを考えるとどうだろうか。

学校はできるだけ、一部のスーパーティーチャーに偏らないように教員を育てるとよい。

そのためには、若手教員を中心に、スーパーティーチャー以外の力の底上げを図る必要がある。これができれば、スーパーティーチャーに頼らなくても校務改革は進むし、学校は安定する。

若い教員にできるだけ仕事を任せる

仕事のやり方をインプットするだけでは、若手教員は育たない。仕事は、アウトプット（経験）することで初めて身につくと思う。

しかし、多くの学校で、新採教員は仕事を「見ているだけ」の場合が多い。「経験がないから任せられない」と言っているかぎり、いつまでたっても仕事を任せられないし、任せなければ育たない。

だからこそ、未経験でも若い教員には積極的に仕事を任せるとよい。誰でも最初は未経験だ。まずは、来客に対して代表で挨拶をさせる、校内研修でまとめの評価をさせる等を経験させるとよい。期待以上の結果を出してくれる。

また、若手が増える一方で、中堅教員が少なくなり空洞化している現状がある。「現場で育てる」という名のもとに、若手の指導に手が回っていない学校がある。

そこで、管理職は中堅教員に、自らの「コツ」や「カン」といった長年の学級経営で培ったノウハウを日常的に教えてほしい。

事務処理に追われたら、抱えている仕事を書き出す

私には教頭経験もある。教頭には事務処理だけでなく、教員への授業改善のアドバイスや人材育成など、多岐にわたり重要な職務がある。

当時は、目の前の仕事をこなすことに精いっぱいであった。毎日仕事に追われてデスクワークをするだけの自分に気づき、これは何とかならないかと思案した。

そこで、自分が今抱えている仕事を一覧表にして整理してみた。これによって仕事に優先順位をつけることができ、いつどの仕事から取りかかればよいか明確になった。

そうなると、3ヵ月先の仕事ができるようになる。時期が来たから、教育委員会から資料請求をされたからではなく、仕事を先取りしてこなすとよい。案外、仕事はパターン化されたものが多い。

校務改革にあたり共有すべき意識

校務改革を成功させるためには、やはり教員個々の意識、そして学校全体の意識を変えていく必要がある。

そこで、校務改革を進めるにあたり校内で共有すべき意識を、「教員個人で」「教員同士で協力して」「外部機関と連携して」「絆」の4点に整理して示す。

この一覧を教員に配付し、意識を共有したうえで校務改革を進めるとよい。

教員個人が意識して変えていくべきこと

●本当にやらなければならないことを見極める。時間は限られている。全部やろうと思わないで、本当に必要なことをやっていく。

●今までのやり方が最良とは限らない。自分のルーティンを振り返り、自分の仕事の取り組み方を変えてみる。

●他との競争ではなく、自分のライフスタイルのなかに仕事もあるという意識をもって仕事に向かう。

●視野を広めるための教育に関係する本を読む。

●費用対効果を考えた提案を行う。

●時短要求をするならば、その分、仕事の効率化を図る努力をする。

●行事の思い切った削減、子どもに還元できていない文書等を減らしていく。

●ノートは授業中にその場でチェックする。授業の最後の5分は振り返りを書く時間にする。振り返りを書いた子どもから教員に持ってこさせ、その場でチェックし返す。これができれば大幅な効率化ができる。

●テストの丸付けはテスト時間内にその場で丸をつけて返却まで終わらせる。

●子どもも教員も「学習過程スタンダード」を身につける。

●授業の進行を子どもに任せる。子どもが授業を進行できるようになると、教員の授業準備の時間短縮にもなる。

教員同士で協力して変えていくべきこと

●お互いの仕事の仕方を交流してみる。我流よりも洗練された方法が見つかるはずである。自分の仕事の仕組みを変えることにつながる。

●教育の本来の目的に照らして、思い切った事業仕分けをしてみる。慣例となっていて教育的意義の薄い行事を思いきってなくす。

●各行事の「当たり前」を見直す。練習時間、種目など。

●費用対効果を考えた研究や行事を行う。

●外部への作品展やコンクールなどの出品を取捨選択する。負担の大きなものは削る。

●校務分掌も事業仕分けをしてみる。意外となくても支障のない分掌がある。

●一役一人制（56頁参照）を基本にした校務分掌にする。

●教科担任制の導入や隣接学年との合同授業を行い、多角的に子どもをとらえるようにして担任の負担を減らしていく。

●副担任制なども柔軟に取り入れて、担任の負担を分散化させる。

●開始時刻・終了時刻を守ることを確認する。

●会議はペーパーレスで行う。会議の資料はＰＤＦ化して共有サーバーに保存する。そうすれば会議の資料を印刷しないで済む。帳合・配付の手間も省け、なおかつ紙のコストダウンも実現する。

●保護者アンケート（学校評価等）のデジタル化を図り、集計の手間を省く。

●学習指導案の簡素化、教育計画等の学校間でのデータ等の共有を図る。

●教員全員が「学習過程スタンダード」を短期間のうちにマスターする。

外部機関等と連携して変えていくべきこと

●学校のＩＣＴ化を進める。ＩＣＴ活用研修会を実施し、校務の削減、教育力向上に向けた取り組みを推進する。校内にＩＣＴの専門性を持った教員がいれば、年齢を問わず大いに活躍してもらう。

●授業見学を簡単に行えるようにする。各校のＩＣＴ端末を活用し、互いの授業を見せ合うことも可能となる。管理職の決裁をとれば、移動しなくても他校のベテラン教員の授業がオンラインで学べる。

●出張は、オンラインを基本とする。

●地域学校協働本部などの外部の力を借りた学校運営を行う。とくに支援を要する家庭へのフォローや、学校からの情報提供を進める。

●教育委員会等が中心になって、学習過程スタンダード研究発表会や講習会、および働き方改革実践交流会等を実施する。

●市町村で「学び方・学ばせ方」についての教育研究会を持つ。

学校・教員が意識すべき地域や社会との「絆」

●学び続ける大人の姿を地域の方々や子どもたちに示していくことが、私たち教員の使命であることを確認する。

●子ども・保護者・地域の方々も、同じ時代、同じ場所で生きる仲間であることを常に思い、教育活動を行う。

●グローバル化やダイバーシティ化に対応した教育、先を見た教育、いち早く情報提供できる教育等を推進していく。

2章

「多忙」を生まない学校システムの極意

子どもと向き合うために、何が必要か

学校改革の極意

①教師同士で向き合うより、子どもと向き合うことを常識にする！
②スピード感のある事案決定システムを構築する！
③「DCAP直後プラン方式」で、年度末や年度初めの負担をなくす！

これまで当たり前としてきた学校常識のなかには、子どもや保護者の視点から見ると「おやっ？」と思えることがたくさんある。それらを解決しようとしても、学校常識の壁が立ちふさがり、改革はなかなか進まない。

そこで本章から、子どもと向き合うための学校改革の具体的な手法を紹介していきたい。

子どもと向き合えない、寄り添えないのはなぜか

子どもが行事に追われ、教師からやらされている感覚をもったり、自分たちに寄り添ってもらえないと感じたりするのはなぜだろうか。教師も行事に追われ、多忙感を感じているが、そのままにしているのはなぜだろうか。

結果として、学力の低下やいじめをはじめとする健全育成の問題を生んだ。こうした問題の原因を「子どもが……、親が……」として片付けてこなかっただろうか。

学校が学校としての機能を十分に果たせなくなっている現状がある。多くは、学校風土に起因している。

「共通理解」が一つの例である。一面的な見方かもしれないが、共通理解のための職員会議、学習内容が理解できていない子を置いての打ち合わせ、多くの行事をこなすための連絡会、これらは子どもよりも教師同士の共通理解を優先するための会議だ。

これが学校文化である。こうした学校文化や風土が続くかぎり、学力の向上や健全育成は図れない。私たちがめざすのは、常に子どもに寄り添うために、「教室で子どもと向き合う」ことではないか。

以下、本書で紹介していく代表的な改革手法の要点を紹介する。

定期的な職員会議・委員会を行わない

定期的な会議は、出席するだけの会議になりやすい。また、全員の「共通理解」のための会議は時間がかかる。

そこで、定期的な会議は行わず、何かあったり伝えたいことがあれば、立ったまま即座のミーティングを行うとよい。形式だけの会議や委員会で討議するのではなく、打ち合わせだけで十分だ。会議があるから子どもたちを帰す、という誤った学校常識をなくそう。

事案決定システムを取り入れて会議を減らす

定期の職員会議や委員会をなくす替わりに、「事案決定システム」を取り入れる。

事案決定システムとは、校内の意見や提案事項を担当者がまとめ、起案し、ミドルリーダー（主任・主幹教諭）→教頭（副校長）→校長のラインで審議する仕組みだ。決裁されれば、それが決定事項となる。学級便り等も同様のラインで決裁する。

一役一人制の校務分掌で権限を委譲する

これまで職員会議に提案する内容は、事前に各委員会で討議することが多かった。毎年あまり変わらない内容を討議している。

一役一人制の校務分掌（56頁参照）を導入すれば、担当者が1人となるので○○委員会がなくなり、共通理解のための会議もなくなる。何か意見や提案があれば直接その担当者に伝えればよい。教師に時間が戻る。

DCAP直後プラン方式で、年度末・年度初めの負担をなくす

教育活動や行事（D）が終わったら、常にその直後に評価（C）・改善策（A）のミーティングを行い、次年度の計画（P）を作成してしまう。これが「DCAP直後プラン方式」だ。

この方式の特徴的なことは、1年サイクルで年度末にCやAを行うのではなく、年度途中にDを行ったらその直後にPまで行ってしまうことだ。これを1年中行い、1年総がかりで次年度の教育課程を作成していく。鉄は熱いうちに打てという論理だ。

これにより年度末評価なし、新年度計画なしで、子どもと向き合うことができる。

12月に一年を総括し、1月から新体制とする

校務分掌やクラブ・委員会活動を12月で終了させ、1月から新体制にする。12月中に各分掌から新年度の提案を出す。

かつての3月・4月の忙しさがなくなり、ゆとりのある年度末と新年度を迎えることができる。

一人複数回の研究授業で授業力を高める

授業力を向上させるには、研究授業を行い、授業改善を行うしかない。一人複数回の研究授業を行い、授業力を高めるとよい。

教科内容や目標に固執する授業ではなく、子どもたちの能動的な学習を促すアクティブ・ラーニング型の授業を進める。教科横断的・担任横断的に「学び方」を学ばせる研究授業を進めれば、学力向上につながる。何よりも全教師の授業力が上がる。

研究協議会は、まず子ども同士の子ども研究協議会を行い、その後、教師同士が付箋を出し合う研究協議会を行う。授業の課題とその改善策についてのみ協議を行い、短時

間で終わらせるようにする。

授業者は、協議会後に授業改善についてレポートを書き、講師と全教師に提出する。教師版の振り返りだ。このことにより、やりっぱなしの研究授業を変えることができる。

練習に時間がかかり過ぎの行事を変える

行事は見栄えを重視すると、どうしても練習、練習、練習、本番という形になりやすい。

そこで、練習に多くの時間を費やす行事のあり方を変える。練習時間は最小限にとどめる。特別時程を組むことはしない。教科指導の範囲内で行う。

これにより、子どもにも、教師にも、ゆとりが出るのは間違いない。

毎日、放課後補習やふれあいの時間を設ける

校内研究会以外の会議がなければ、ほぼ毎日、子どもを残して補習を行ったり、忘れた宿題をやらせることができる。放課後に子どもと話をしたり、遊んだりするふれあいの時間をもつこともできる。

＊

新学習指導要領では、総則に記載される資質・能力の育成を図るための指導・学習方法として、「主体的・対話的で深い学び」が求められている。しかし、いまだに旧来型の授業や指導方法に固執する教師や学校がある。間違った学校の常識だ。

校務も同じことだ。変わらない学校を変えるためには、多忙の大元となる校務の仕組みを改革することだ。

以下、校務を変える学校改革の手法を具体的に紹介していきたい。

「当たり前」だった週時程を見直す

学校改革の極意

①週時程を子ども目線から見ると、いくつもの疑問が出てくる！
②チャイムを鳴らさないことで、学年・学級独自の複線型の週時程がつくれる！
③授業時数の確保を第一に考え、週時程を安易に変えない！

学校は、誰のためにあるのだろう。そんな疑問を持ちながら働くことが多かった。

子どもが登校しているなかでの打ち合わせ。下校時間を早めての会議。教育活動は「学校が決めたから」「教師が決めたから」が当たり前であり、複雑な思いを持ち続けてきた。

子どもあっての学校である。子どもを真ん中に置けば、後のことは枝葉だ。週時程も、その視点で作成するとよい。

週時程から見える学校の疑問

元勤務校の学校改革を進めるうえで、職員と「週時程から見える学校の疑問」のワークショップを行ったことがある。次は、その折に書かれた付箋の内容だ。

- ●教師には多忙感があるが、学校を変えたがらない。
- ●給食があるなかで4校時で帰してよいだろうか。
- ●登校時刻があるため、朝の遊びができない子がいる。
- ●幼稚園は2~3時まで滞在させているが、小学校に入学したら早帰りをさせている。
- ●台風接近時に保育園や幼稚園は自主登園をさせているが、学校は一律で決めている。
- ●研究会を理由に、早帰りをさせてよいのだろうか。
- ●6校時が遅いため、冬は暗いなかで下校している。

学校内から見ても、週時程にかかわることでこれだけ疑問が出る。まして外部から見るともっと疑問が出るだろう。

子ども目線から週時程を考えてみる

週時程を設定するとき、子ども目線から考えてみたらどうだろう。

6時間めが遅くなることで帰りは大丈夫だろうか。午前中の時程や活動内容が微妙に変わったりすることで、子どもに戸惑いや多忙感はないだろうか。こうした視点に立つと、いくつかの案が出る。その案を吟味し、形にしてきた（次頁**資料**）。

勤務校の1校時は早かった。放課後にゆとりをもたせたかったからだ。1校時が早くなることで放課後学習も行うことができ、学力向上につながった。

また、午前中は変わらない時程とした。午前中だけでも変わらない時程にすれば落ち着きが出ると考え、午後の時程から変化をもたせるようにした。

「チャイムなし」週時程のメリット

学校は、チャイムが鳴るのが当然なのだろうか。中学校や高校はチャイムが鳴らないと動けない面があるが、小学校では、鳴らないことのメリットがある。

資料：元勤務校の週時程表

○年度週時程表　○○○市立○○小学校

	月	火	水	木	金
8:20～ 8:35	学級指導 ドリル １枚タイム	学級指導 ドリル １枚タイム	学級指導 ドリル １枚タイム	学級指導 ドリル １枚タイム	学級指導 漢字検定
8:35～ 9:20	1	1	1	1	1
9:20～ 9:25					
9:25～ 10:10	2	2	2	2	2
10:10～ 10:30	中休み	中休み	中休み	中休み	中休み
10:30～ 11:15	3	3	3	3	3
11:15～ 11:20					
11:20～ 12:05	4	4	4	4	4
12:05～ 13:20	給食 清掃 昼休み	給食 清掃 昼休み	12:05～13:00 給食・清掃 昼休み・ 下校指導 振り返り タイム	給食 清掃 昼休み	給食 清掃 昼休み
13:20～ 14:05	5	5	13:00～13:45 5	5	5
14:10～ 14:30	昼食 振り返りタイム	14:10～14:15 振り返り タイム （1~2年）	下校	14:10～14:15 振り返り タイム （1~2年）	14:10～14:15 振り返り タイム （1年）
14:40～ 15:25 （15:40）	委員会・クラブ （クラブは15:40 まで）	14:10～14:55 6 （3~6年）		14:10～14:55 6 （3~6年）	14:10～14:55 6 （2~6年）
16:30	（放課後学習）	14:55～15:00 振り返り タイム （4~6年） （放課後学習）	水曜日は簡単清掃。 13:00までに、振り返りと下校指導を終えておく。 13:55～６校時 （放課後学習）	14:55～15:00 振り返り タイム （3~6年） （放課後学習）	14:55～15:00 振り返り タイム （2~6年） 15:00～15:45 セカンドスクール （放課後学習）

(1) 学級や学年で独自に時程が組める

遠足の実地踏査がある場合、その担当学年だけで午前5時間の時程（早割り5時程）が組める。また出張がある場合には、その教師の学級だけ午前5時間の時程を入れられる。いずれも授業カットや補欠授業をしないためだ。

午前5時間の時程を組むことは、そうたくさんあるわけではないが、授業時数の確保ができる。

(2) 行事は放課後に行う

集会や行事を朝から行うと、授業や子どもたちの学力に影響が出る。そこで、授業に影響の出ない時間に集会や行事を行うとよい。

勤務校では、集会は月曜日6校時のクラブ・委員会の前に行った。行事も特設の6校時や放課後に行った。始業式や終業式は6校時、研究授業も6校時とした。

＊

午前5時間授業や授業後に行事を行うことで、どの学年も標準時数を超えることができ、子どもたちはゆとりのなかで学べる。教師も、子どもとゆっくり向き合うことができる。

一役一人制の校務分掌で会議を激減させる

学校改革の極意

①過剰な会議中心の学校は、大人と大人が向き合う学校となっている！
②一役一人制の責任執行体制のもと、各担当者が事案決定の手続きを行う！
③会議や会合が少なくなれば、教員は子どもたちと向き合うことができる！

多忙の原因である学校文化に疑問を持たない職員

「学校は多忙だ、もっとゆとりがほしい」と、職員から何度も聞かされた。新しい事業がひっきりなしに入ってきており、「どげんかせんといかん」ことは確かである。
そこで職員に多忙な原因や対応策を聞いてみると、予想もしないことが出てきた。

- 対外的な事務が多すぎてゆとりがない
- 出張が多すぎて、学級のことができない
- 生徒指導をする機会が多く、ゆとりがない
- 研究の機会が多く、ゆとりがない

こうした発言を分析すると、多忙の原因を対外的なことに求めており、学校の組織や運営の問題であるとは考えていないことに気づいた。変わる時代に変わらぬ学校を続けていることに、疑問を持っていないのだ。

学校の組織・運営・風土等を改革せず、そのままにしているから多忙が続く。一つの例だが、「共通理解」を優先するための会議、前例踏襲を重んじる行事等がそれにあたる。子どもの指導より会議を優先する学校文化を変えることが、喫緊の課題だ。

各種委員会をなくせば会議が激減する

多くの学校の事案は、「担当者→月1回の各種委員会→企画会議→職員会議」というラインにより、職員の総意で決定される。毎年、あまり変わらない内容を討議している。

資料：一役一人制の校務分掌組織図

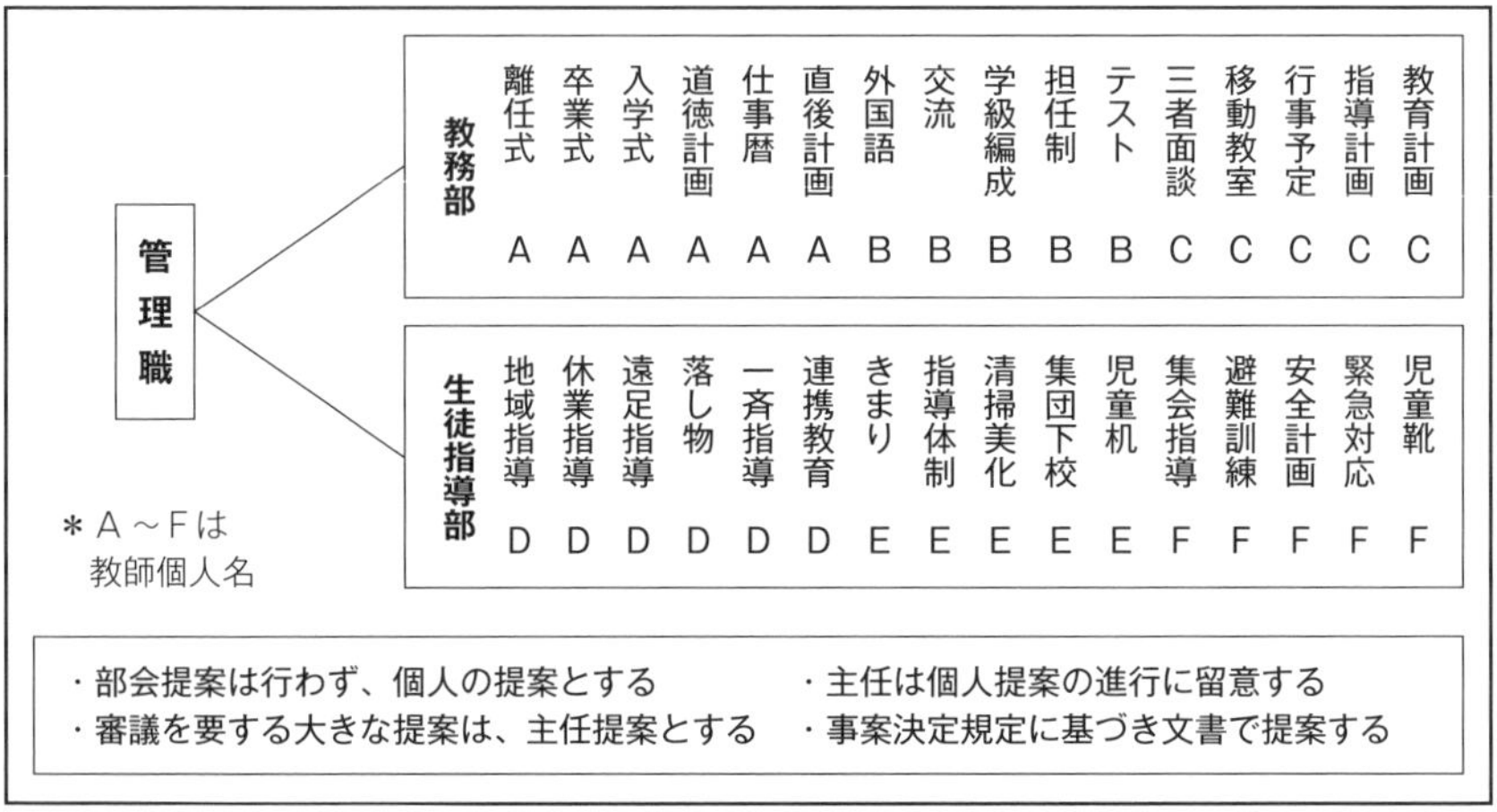

そのため、校長の経営方針が浸透しきれなかったり、決定に時間がかかる等の課題が出る。ひと月に、3回も会議をする学校もある。

そこで、何もかも共通理解をするのではなく、意見があれば担当者に直接伝えるという方法を考えた。また、校務一役を一人で担当する組織を考案した（**資料**）。

事案は、①教育活動の直後に行う立ったままのワークショップのなかで、担当者が改善策を聞き取る。②事案決定システム（61頁参照）により「担当者の起案→ミドルリーダー（主任・主幹教諭）→教頭（副校長）→校長」のラインで決裁をする。

事案は部会提案ではなく個人提案のため、従来の教務部会等の各種部会や運動会委員会等の会議が削減できた。また、職員一人ひとりに権限委譲ができたため、学校貢献意欲も出てきた。

教員は会議がないため、休み時間や放課後に子どもと遊ぶことができる。補習を行ったり、教材研究を行うこともできるようになった。

「教師は子どものそばを離れない」、本来の姿に戻っただけのことだ。

一役一人制による若手教員の育成

一役一人制の運営組織では、若手教員も、自分が担当する分掌で重要な案件を起案し進行することになる。そこで、若手教員に校内の仕事を積極的に任せ、責任をもって担当させるようにした。

たとえば、新採2年目の体育主任が運動会を動かし、第3学年から第6学年までの縦割り班による表現運動を担当させた。新採3年目の教員には教育実習生や初任者の指導担当をさせた。新採3年目が研究主任にもなった。

当初は、全くの手探り状態であったが、管理職が指導し、職務を遂行させた。若手教員は「大変だ」と感じたこともあったようだが、「抜擢されたこと」に感謝をしていた。重要な仕事を任され、学校を動かすことの醍醐味を実感したようだ。

＊

熊本県学校改革プロジェクトのある指定校は、以前は一人が複数の校務分掌に所属していたため、仕事量に偏りがあった。そこで学校改革を行い、これまで6つあった校務分掌を見直して5つに再編し、担任の校務分掌を一人一分掌にした。

その結果、これまでの仕事の内容や会議の回数が見直され、各分掌とも役割分担が簡素化された。教員は学級の指導に集中しやすくなったようだ。

2章 「多忙」を生まない学校システムの極意

事案決定システムで決裁のスピード化を図る

学校改革の極意

①校内の内規を見直し、リーダーシップを発揮しやすい環境を整える！
②事案決定システムを整備し、ラインによる意思決定を行う！
③一役一人制の校務分掌と併用し、決裁のスピード化を図る！

事案決定システム導入の経緯

かつて勤務していた自治体の多くの学校には、校長権限に関する事項が職員会議の決定による校内の内規によって処理されている、という問題があった。この内規が校長のリーダーシップの発揮をむずかしくしていた。

また、事案決定がうまくいかない背景には、職員会議での決定がすべてであるという教員の考え方があった。

これらの改善のため、検討委員会は学校に事案決定システムを早期に導入することを提言し、当該教育委員会は学校管理規則を変え、事案決定の方法や内容、起案者を明確に示した。

システム導入初期に生じた課題

これにより、元勤務校では、校長の権限に属する事務などにかかる事案の決定は、校長または副校長が行うこととし、校長の方針が伝えやすくなった。

だが、いくつかの課題は残った。職員会議の回数や長時間の開催は変わらないため、子どもに向き合うことができない状態が続いていることだ。

また、教師の多忙感の解消もできていなかった。企画委員会や職員会議で周知する起案文書の検討のための諸会議等を、相変わらず行っていたことが原因であった。

「職員会議を行うのは当たり前」「共通理解は重要」との学校文化も色濃く残っていた。

資料：事案決定システムの流れ

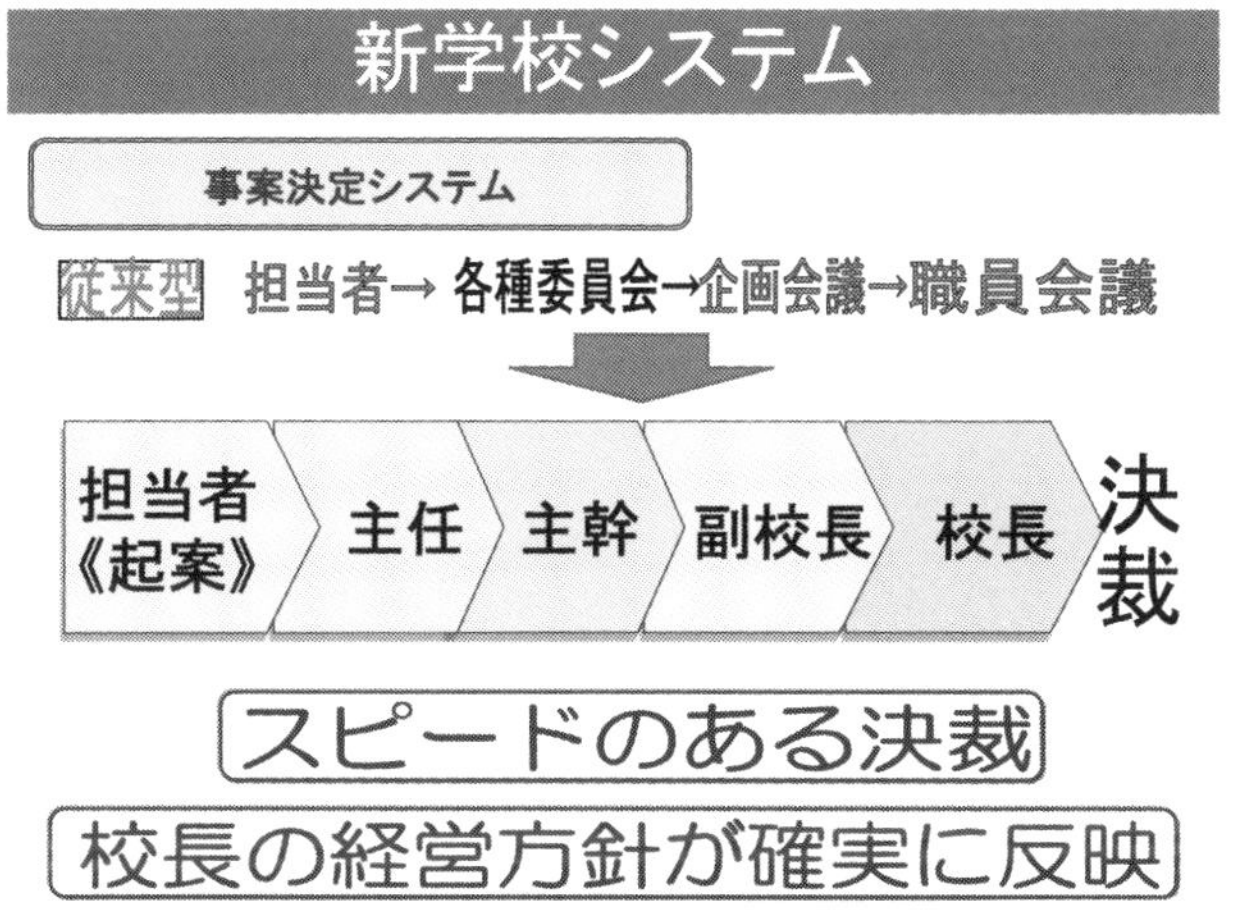

各種委員会をなくし決裁のスピード化を図る

そこで学校外の組織に習い、スピードある決裁、会議の回数を減らす等の施策をとることにした。

前述のように、従来のシステムは、担当者が提案資料を月1回の委員会へ出し、そこで検討したものを企画委員会で審議し、職員会議で共通理解する形式であった。

この従来のシステムは、提案を決定するのに時間がかかった。職員の総意で決定するものが多かったからである。

そこで、一役一人制の校務担当者に起案をさせた。作成した起案は「担当者→主任教諭→主幹教諭→副校長→校長」のラインで決裁し、全教師に周知するようにした（**資料**）。

この独自の事案決定システムの開発により、スピードある決裁ができるようになり、校長の経営方針も浸透した。元勤務校では、事案決定システムを通さず提案する文書はなくなった。

*

全国には、この事案決定システムが整備されておらず、私がかつて悩んだことを感じている校長もいるかもしれない。諸課題が一気に解決できることを経験した者として、早急に導入してほしいとお伝えしたい。

学校でしか通じない学校文化を、このシステムで変えるしかない。

直後プラン方式で即座に改善・立案する

学校改革の極意

①「共通理解のための会議」を優先する学校風土を変える！
②反省や計画を「年度末にまとめて行う」学校の常識を変える！
③年度末評価や新年度計画の負担をなくすため、「直後プラン」を作成する！

反省や計画を「まとめて行う」常識を変える

行事は、実施前に時間をかけて討議をするが、終えるとそのままにしておくことが多い。「話し合い」を重視し、共通理解を優先するからだ。

会議では教育課程を一つひとつ討議するため、とにかく時間がかかる。また、同じ議案を多くの会合で審議するため、多くの時間が費やされている。

日々、健全育成や学力の向上等の指導に時間をかけなくてはならないのに、共通理解のための話し合いに時間をかけているのが学校の現状だ。

これまで、行事があれば反省用紙を集めて年度末に討議をし、新年度計画を立てる等の方法が行われてきた。学校評価も同じだ。反省や計画は「まとめて行う」が学校の常識である。

DCAP直後プラン方式で、その都度計画を作成する

このように、従来のPDCAによる教育課程マネジメントサイクルでは、教育活動後の評価・改善・計画の作成が遅い。学校が前例踏襲に陥って変われない最大の原因は、教育活動の評価を年度末に行うからだ。

そこで、これまでの学校常識を変えるとよい。教育活動の実践（D）の直後に、出た課題を全教師がワークショップ形式で評価（C）し、改善策（A）と計画案（P）まで立てるという、DCAP直後プラン方式を提案したい（**資料**）。これにより、教師は教

資料：DCAP 直後プラン方式の流れ

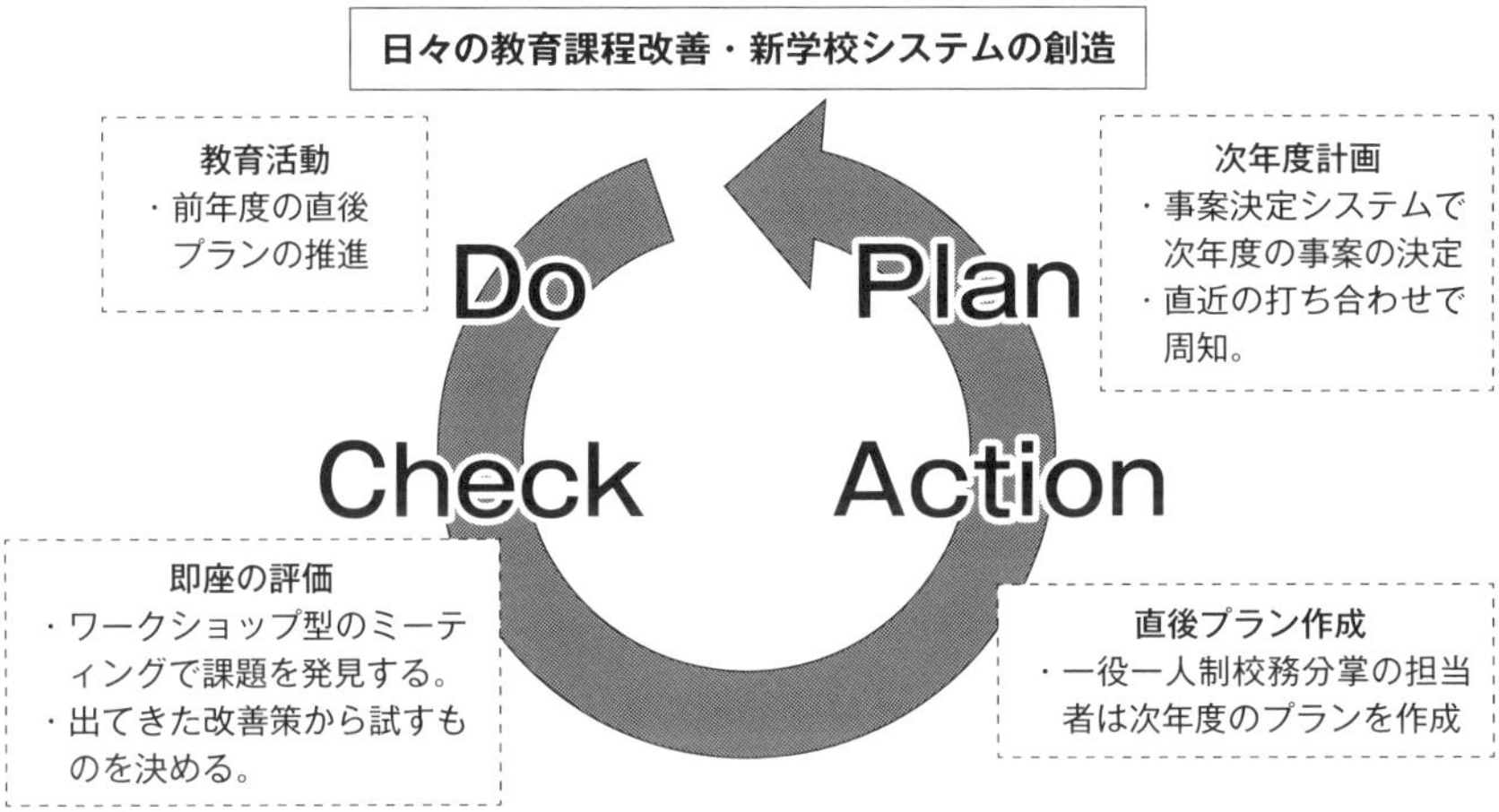
日々の教育課程改善・新学校システムの創造
教育活動
・前年度の直後プランの推進
Do
Plan
次年度計画
・事案決定システムで次年度の事案の決定
・直近の打ち合わせで周知。
Check
Action
即座の評価
・ワークショップ型のミーティングで課題を発見する。
・出てきた改善策から試すものを決める。
直後プラン作成
・一役一人制校務分掌の担当者は次年度のプランを作成

育活動の実施の場面において常に課題意識を持ち、改善策を考えるようになる。

次年度の教育課程は、教育活動の実施後に即座の評価と立案で作成する。そのうえで、職員会議や委員会等の会合はできるだけ廃止か、削減を行うようにする。

年度末評価なし、新年度計画なし、職員会議なしとなり、子どもに向き合う時間が確保できる。

DCAP直後プラン方式の進め方

DCAP直後プランの実施方法は、次のとおりである。

①行事実施後すぐに、全員のミーティング（ワークショップ）で改善策を聞く。

②改善策を担当者が判断して起案する。
③事案決定システムにより起案が通ったら、直近の打ち合わせ会で全職員に伝える。
④起案されたプリントは、各自でファイリングし、直後プラン冊子に入れる。

運動会を例に、サイクルの流れを説明する。

運動会を実施（D）後、ワークショップ型のミーティングで教師・保護者・協力者が立ったまま評価（C）を行い、改善策（A）を出し合う。一役一人制の担当者が改善策をまとめ、次の日には新年度の計画（P）を立て、事案決定システムを通して決裁を受けたら、教師全員に周知する。

教師は作成された新年度計画案を、そのつど次年度のファイルにとじておき、「○○年度計画案」として1冊の冊子にしておくことで、次年度の教育活動を滞りなく進めることができる。

サイクルを変えて教師の学校帰属意識を高める

教育課程を作成するうえで鍵となるのは、教師の「学校帰属意識」を高めることだ。

これまでの教育課程を作成するための話し合いに時間をかける方法では、教師に多忙感が出る。結局は、前年度と同じ教育課程をこなすだけとなる。学校独特の年間ＰＤＤ

ＤＣＡ教育課程サイクルとなりやすい。そのため、教師に「こなせばよい」という意識が生まれ、学校帰属意識が薄れる。

このサイクルを変えれば、起案文書を日付だけ変えて提案するような教師を減らし、マネジメント意識を高めることができる。

＊

熊本県学校改革プロジェクトでは、校務改革と校内研修改革に取り組んだ指定校の多くが「直後プラン」に取り組んだ。

ある学校では、かつて行事後に担当者が反省用紙を配付し、職員が書いた反省をまとめていた。そして次年度になってから、反省をもとに計画を立案していた。そのため、行事の計画の作成に多くの時間がとられており、簡素化が課題であった。

そこで、行事後に教職員が改善点を付箋紙に書き、ホワイトボードに掲示した計画書に貼るようにした。成果として、以前のように職員一人ひとりがＡ４用紙のプリントに反省を書く時間を削減することができた。また、職員から提出された反省を、担当者が集約する時間も減らすことができた。

教育計画は1年がかりで少しずつ作成する

学校改革の極意

①直後プラン方式により、教育計画を1年がかりで作成する！
②議題の多くは紙上提案で進めても問題ない！
③詳細な手引き書を作成することで、子どもと向き合う時間ができる！

年度末に行う評価・改善が前年度踏襲を生む

子どもと向き合う時間の確保のために、教育活動の直後に評価・改善と次年度のプランを立案する「ＤＣＡＰ直後プラン」を紹介した。

これまでのＰＤＣＡサイクルで課題となるのは、教育活動を行った後、年度末に評価・改善策を立てることだ。忘れたころに行うので、前年度踏襲型の教育課程となる。

また、行事等の実施前に職員会議で練り合う方式は、時間もかかり活動がやりっぱなしで終わる。

それを解決するために、教育活動の直後に教育計画書を作成してしまう方法が、ＤＣＡＰ直後プランである。

今回は、ＤＣＡＰ方式によって、教育計画を1年がかりで作成する方法を紹介したい。

1年がかりで教育計画を作成するスケジュール

(1)　1月から校務分掌の開始

教育課程と校務分掌を、1月から12月までのサイクルとする。これは、職員の3月・4月の事務量を減らすためだ。

教育活動直後にワークショップ方式による評価を行って次年度の計画案を作成し、12月まで教育活動（Ｄ）、評価（Ｃ）、改善策（Ａ）、計画（Ｐ）を継続的に行う。

(2)　4月に校務分掌の再調整

4月に校務分掌の再調整を行う。転任してきた職員は、原則として異動した職員の校務分掌を引き継ぐ。できるだけ多くの校務分掌を経験させるために、1年ごとに校務分掌を変えるようにする。

元勤務校は若手の教師が多く、ＯＪＴを兼ねた校務分掌の研修で資質の向上を図った。

(3) 6月に1回目の学校評価

校務分掌を1月から開始するため、6月に前期の学校評価を行う。暦どおりに6月までを前期とすることで、年度末の多忙感が消える。子どもと向き合う時間を確保するための策の一つだ。

(4) 10月に2回目の学校評価

11月に次年度の教育課程の日程を組むため、10月に学校評価を行う。

(5) 11月に次年度の教育課程の日程調整

2回目の学校評価が終了したら、次年度の行事等の暫定的な日程を組み、各分掌に伝える。

(6) 12月に次年度の教育計画を完成

12月には次年度の教育計画を完成させる。1月から教育活動の直後に次年度のプランを立ててきたので、大幅に計画が変わることはない。

各分掌ごとに冊子にまとめ次年度に引き継ぐ

元勤務校では、教育計画を各校務分掌ごとに作成したため、12月に1冊の冊子にまとめた。

工夫したことは、どんなに小さなメモでも冊子に取り込んだことだ。次年度に新しい校務分掌を担当したとき、誰もがわかるようにしたかったからである。「直前にならないと詳細がわからない」「担当学年以外のことはわからない」ということをなくした。

運動会の例で説明すると、A4用紙で約40ページの、説明や確認のための計画書を作成した。

具体的には、●運動会全体の実施要項7枚、●プログラム2枚、●係活動計画2枚、●リレーの練習計画1枚、●放送原稿2枚、●全校練習計画1枚、●全校競技計画2枚、●前日準備と後片付け計画2枚、●当日の服務関係1枚、●各学年競技種目計画（玉入れ、大玉ころがし等）6枚、●縦割り班リズム計画8枚、●応援合戦計画2枚、●ボランティア要項2枚、●地域種目計画2枚、等だ。

会議を削減するためには、このように計画書を詳しくすることが大事だ。新しい担当者も読めばわかるので、教師間の打ち合わせが必要なくなる。

「手引き書」の作成が会議を減らす

熊本県の学校改革プロジェクトで、「指導に関する手引き」「行事の手引き」の2冊を作成した学校がある。詳細な手引き書があることで、子どもと向き合う時間ができたという連絡を受けている。

ある中学校では、これまで定例の職員会議（月1回）を開催していた。だが、「指導の手引き」「行事の手引き」を冊子にしたところ、議題の多くが紙上提案でも問題がないことに気づき、職員会議を大幅に削減することができた。長期休業日の職員会議についても、基本は紙上提案としている。

教師間の打ち合わせを減らしたことにより、生徒と向き合う時間がかなり増えたという。不登校の生徒数が減り、学力の向上にもつながった。

学校の羅針盤として備えてほしい「手引き書」の一覧を176頁にまとめているので、参考にしてほしい。

3ステップで直後プランを確実に実施する

学校改革の極意

①年度末評価や新年度計画の会議を行っていると、子どもに向き合えない！
②教育計画を確実に実施するためには、教務主任や担当者任せにしない！
③3ヵ月前の確認、2週間前の打ち合わせ、直後プランの3ステップで進行管理する！

年度末の時間がないなかで学校評価をしたり、新年度計画を討議するという学校常識は、教師が子どもに向き合えないばかりか、ゆとりさえ奪うことになる。一般社会では通用しない仕組みがいまだに続く。

こうしたことを変えるために、教育課程サイクルをＤＣＡＰの直後プラン方式に変えることを提案した。教育活動直後に評価を行い、次年度の計画案まで作成してしまう方式だ。

今回は、直後プランを確実に実行するための方策を見ていきたい。

新任者への対応

直後プラン方式では、前年度のうちに教育活動の案を細案まで決めており、新任者が「聞いていない」となることが予想されたため、この課題を解決する方法を見出した。

新年度になったら、新任者へガイダンスを行う。私の勤務した学校では、直後プランと行事や指導の手引書について、４月当初に説明をした。「聞いていない」ことを解消するためだ。数日はかかるが、教育課程への理解は進む。

3ステップによる確実な進行管理

直後プラン方式では、1年前に作成した教育活動の案を、確実に実践する進行管理が重要だ。

これは教務主任が中心となり進めるが、それでも教育課程が確実に進行しないときがあった。担当者任せが原因だ。

活動案は前年度に全員のワークショップにより作成しているが、1年経つと実施時期を忘れている職員もいる。また、教務主任がうっかりするときもあった。

そこで、「3ヵ月前の確認」、「2週間前の打ち合わせ」、実施後の「直後プラン」の3ステップを通して実践した。

(1) 3ヵ月前の確認

配付してある一覧表（次頁**資料**）に従い、教育活動3ヵ月前の夕方に打ち合わせを行い、該当する手引書に目を通しておくように、一役一人制の担当者が皆に指示をする。

これで実施時期を忘れてしまうことはなくなる。

このとき、行事の各係の担当者名を示した資料は配付するが、原則として追加の資料は出さない。

(2) 2週間前の打ち合わせ

運営組織が一役一人制のため、何らかのうっかりミスはある。それを最小限にするための方策が「2週間前の打ち合わせ」だ。

資料：3ヵ月前の確認事項一覧表

1月（に確認の打ち合わせ実施）
○上旬　・始業式・入学式（4月6日）
　　　　・お別れの式（4月7日）
○中旬　・春の遠足（4月13日）
○下旬　・運動会たてわり表現（4月30日）

2月
○上旬　・定例訪問（5月6日）
○中旬　・教育実習（5月17日）
　　　　・合唱コンクール課題曲交流（5月18日）

3月
○上旬　・水泳指導（6月1日）
　　　　・夏休み用ドリル作成（6月1日）
○中旬　・サマースクールガイダンス（6月1日）
○下旬　・読書選手権（6月24日）
　　　　・前期学校評価（6月25日）

4月
○上旬　・運動会リレー（7月1日）
　　　　・夏の生徒指導課題論文レポート（7月9日）
○中旬　・学習発表会（7月10日）
　　　　・夏の宿題（7月10日）
　　　　・指導計画作成（7月10日）
　　　　・道徳指導案作成（7月15日）
○下旬　・サマースクール（7月20日）

6月
○上旬　・引き取り訓練（9月4日）

7月
○上旬　・合唱コンクール自由曲交流（10月5日）
○中旬　・合唱コンクール（10月16日）
　　　　・新1年体験入学（10月16日）
○下旬　・後期学校評価（11月8日）
　　　　・展覧会（11月20日）

9月
○下旬　・冬の生徒指導課題論文レポート（12月27日）

10月
○上旬　・書き初め展（1月11日）
○中旬　・研究協議会（1月14日）

11月
○上旬　・縦割り表現（2月1日）
○中旬　・1年創作曲発表（2月14日）
○下旬　・6年生と思い出作り（2月19日）

12月
○下旬　・卒業式（3月24日）
　　　　・入学式準備（3月24日）

※（　　　）は、教育活動の実施予定日

２週間前に担当者・教務主任・教頭・校長等が集まり、「実施が可能か」の確認をする。担当者の仕事が過重になっていないかを確認する機会でもある。課題がある場合は、即座に改善を図る。

(3) 直後プラン

教育活動（D）の直後に、評価（C）と改善策（A）についてワークショップを行い、一役一人制の担当者が次年度の計画案を立案（P）する。計画案は事案決定システムを経て、直近の打ち合わせで周知する。

3章

「多忙」を生まずに授業改善する極意

教育課程を1月始まりの12月総括にする

学校改革の極意

①3・4月の教師の多忙感をなくすために、12月総括方式を取り入れる！
②例年通りでは、子どもと向き合うことができないことを認識する！
③「12月に総括など聞いたことがない」という考え方を離れ、まずは取り組んでみる！

3月は、学習のまとめを行う時期、そして4月は、教師にとって新しく担任した子どもたちとじっくり向き合い心を交わす時期である。一方で、子どもたちにとっては、新しい友だちや教師との出会いで落ち着かない時期となる。

そうした子どもたちの不安に、教師は応えているだろうか。否である。

会議は当たり前という学校常識

毎年、新年度始めの春先は、年度替わりで忙しいのが学校の常識だ。この課題に対応できていない学校が多い。

子どもは教師とのふれ合いを求めるが、教師の「あとで……」が優先し、応えきれていないのが現状ではないだろうか。教師間の打ち合わせを優先し、子どもたちへの対応を後回しにしていないだろうか。

会議が多くなることで子どもに向き合うことができなくなる。一般的な学校の、年度末評価や新年度計画の会議の一覧を示す。

- 10月3日　教務部会
- 10月10日　職員会議に評価原案を提出
- 11月15日　職員会議で評価用紙を提案
- 11月25日　学年会で学校評価
- 11月27日　集計結果の配付
- 12月8日　分掌評価の冊子を作成

●1月11日　各種委員会で学校評価
●1月24日　4日間の新年度計画
●1月25・26日　学校評価全体会

何と、10日以上も会議を行っていることになる。「みんなで決める」ことが、いかに職員会議の回数を増やし、その分、教師を子どもから遠ざけているかがわかる。

多忙な教師が、いっそう多忙となっているのだ。頻繁な会議により、子どもの健全育成、学力の向上等ができなくなっている。

年度替わりの多忙を招く学校システムの課題と背景

多くの学校では、年度替わりに次のような課題が生じている。

●年度末は学習のまとめをする時期だが、行事に追われ、ゆとりがない。
●学校評価や新年度計画を行う時期で、アンケート回収や分析に追われている。
●春先は研究授業がないことが常識であり、授業の腕を磨き切れない月となっている。
●年度末は会議を行うことが当たり前となっており、子どもの早帰りが多い。
●4月当初は、新年度組織の構築に追われ、子どもと十分に接することができない。

こうした課題はどこからきているのだろう。長く続けてきた学校システムに問題はないだろうか。そこで、次のような学校常識を見直してみるとよい。

①教育課程は、年度で替わるのが当たり前。
②年度始めに会議が多くなるのは当たり前。
③年度末評価や新年度計画の時期なので、多忙になるのは当たり前。

暦通り1月から始める、12月総括の教育課程

年度替わりの課題への対策として、69頁でも述べたように、元勤務校では1月始まり12月総括の方式を取り入れた。

通常、学校の教育課程は4月から始まり、翌年3月までの1年間だ。そのため、教育課程編成や学級の諸事務が3月や4月に集中し、教師に過度の負担がかかっていた。

そこで、学校の内部だけ、年度を1月〜12月に改めた（次頁**資料**）。

12月までに学校評価と新年度計画を終え、1月より新年度の教育課程を開始し、校務分掌の組織も新メンバーで行うように改めた。3月の転任者の校務分掌は、新しく異動してきた職員が交替でその分掌を担当する。

この12月総括方式により、教師の精神的なゆとりが、子どもの学習面や生活面の落ち着きにつながった。

資料：12月総括方式で3月・4月の業務を分散させる

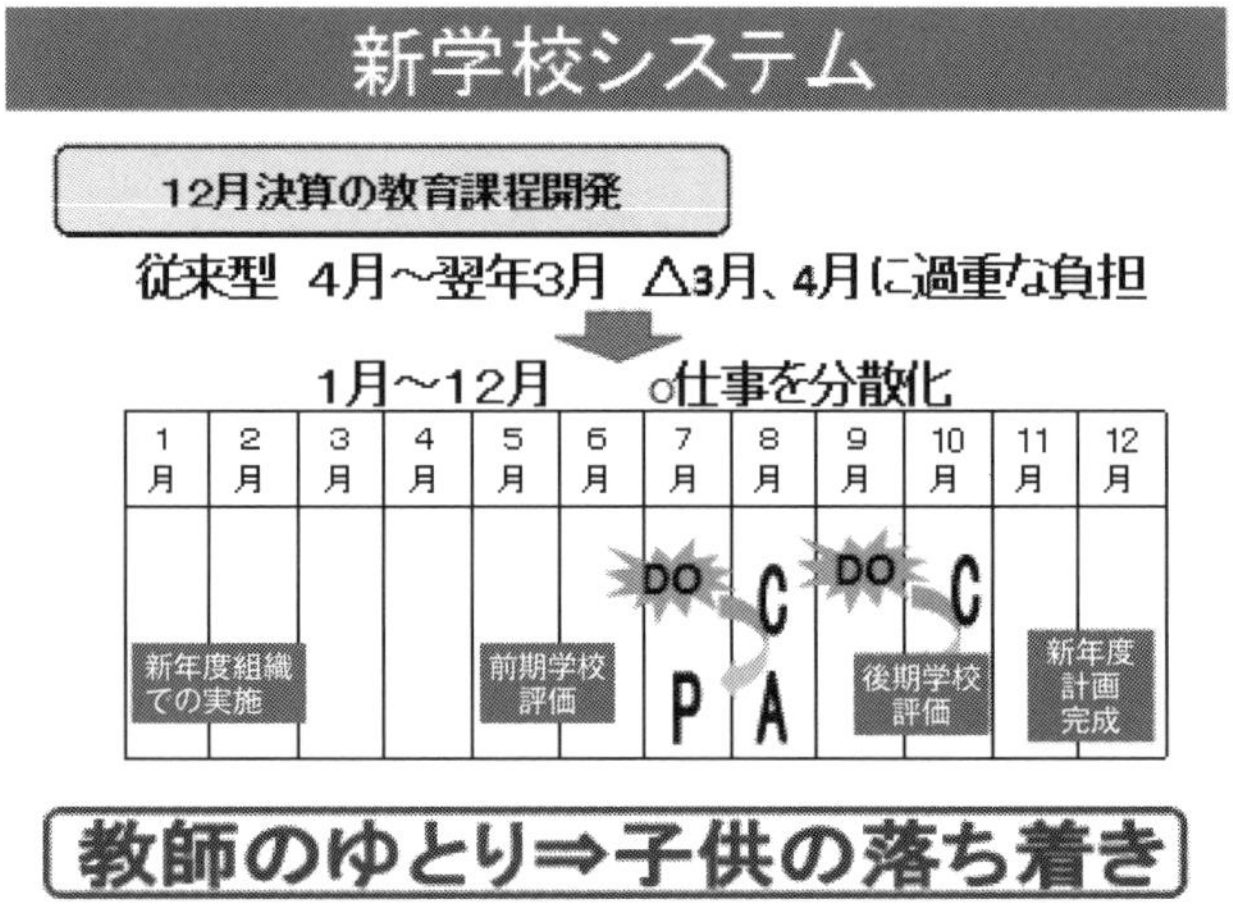

また、教育委員会への教育課程届けは3月に行うが、教育課程はすでに完成しているため、教育委員会からの諸要求に即座に対応することもできた。

12月総括方式の具体的な進め方

(1) 教育活動の手順

①毎回の教育活動後に新年度案を作成するDCAP直後プランを実施。
②6月、前期の学校評価を行う。
③夏季休業中に教科の指導計画を作成する。
④10月、後期の学校評価を行う。
⑤11月、新年度の行事予定を作成する。
⑥12月、教育計画を完成させる。
⑦1月、新校務分掌により教育課程を進行。

(2) 次年度の教育計画案の作成手順（12月）

①昨年度の直後プラン（昨年12月～今年11月）を参考に、起案文書を作成する。
②日程は、教務から提案された年間行事予定を参考にする。年度・日付・曜日を更新する。
③作成した文書・資料をすべてファイルに綴じ込む。
④起案文書は、提案日より3日前までに提出する。

＊

年度末に学校評価や新年度計画を行うことは、子どもとの対話を閉ざすことになる。ゆとりのない学校がこれからも続く。

この学校常識を変え、内部だけの12月総括方式を進めれば、子どもと向き合うことができるようになる。

次年度の資料は夏休みに作成してしまう

学校改革の極意

①多忙な時期に教育課程を作成すると、子どもと向き合うことができない！
②ゆとりのある仕事をするための改革であることを、教職員に理解させる！
③一役一人制で作成した資料は、職員会議等で共通理解を図らない！

学期中にできるだけ子どもと向き合う時間を確保するために、夏季休業中に次年度の教育委員会への届け出資料を作成するとよい。次年度のカリキュラム、教科・領域の年間指導計画、評価計画等が対象だ。

夏季休業中に作成することで、学期中はゆとりのある仕事を行うことができる。また、時間に余裕があるので、内容のある教育課程を作成できる。

多忙な時期に教育課程を作成する学校

多くの学校では、教育活動直後に反省用紙に改善策を書き、年度末に検討をすることが多かった。また、二度の学校評価を受け、教育課程を作成していた。

確かに手順を踏んでいる。だが、この方法には次のような多くの課題がある。

●年度末の多忙な時期に作成するために、教育課程の内容が前年踏襲となりやすい。
●会議に多くの時間を費やし、子どもたちと向き合うことができない。
●会議を優先することが常識となり、教師のための学校となりがちになる。
●教務主任が教育課程の編成に追われ、学校全体を見回すことができない。
●教育課程の作成を優先するため、2月・3月に研究授業を行うことがむずかしい。
●繁忙期の仕事内容を改善しないため、教職員がいつも多忙となっている。

教育課程の作成に関してだけでなく、多忙な時期に事務作業を行う常識を変えないと、学校の諸課題を解決することができない。子どもを早く帰しての会議、共通理解を優先する会議の開催は、けっして許されるものではない。

資料：夏休みに作成する資料例

①各教科の年間指導計画
②危機管理マニュアル「安全指導年間指導計画」「避難訓練・安全指導の指導計画」「地域安全マップ」
③学校図書館の全体計画・年間指導計画
④道徳教育の全体計画、道徳の年間指導計画
⑤総合的な学習の全体計画・年間指導計画
⑥特別活動の全体計画・年間指導計画
⑦人権教育の全体計画・年間指導計画
⑧食育の年間指導計画
⑨年間行事予定・週時程
⑩健康・体力増進年間計画
⑪特別教室等の後片づけ計画
⑫校内研究計画、授業者の決定
⑬2学期以降の学習指導案
⑭研究発表会計画
⑮生徒指導の全体計画・年間計画
⑯学力向上の全体計画・年間計画
⑰いじめ防止の全体計画・年間計画

本来の学校の姿は、子どもと教師の一対一のかかわりが基本だ。教師が熱意を持って、より長い時間、子どもと向き合うのが当たり前だ。

しかし、多忙な時期に教育課程を作成すると、仕事を丁寧に行うことができなくなる。子どものための学校であることが崩れてしまう。そのためにも夏季休業中の作成を奨励したい。作成する資料の例（**資料**）をまとめたので、参考にしてほしい。

夏季休業中の資料作成の方法とメリット

作成した資料を全体で共通理解したり、何回も会議で練り直す方法では、教職員のゆとりは生まれない。ゆとりがなければ、よい案を作成することはできない。

そこで、次のように行うとよい。

(1) 組織運営

- 一役一人制の学校運営組織で資料作成を担わせる。
- できた案は、部会提案としない。
- 資料作成者は事案決定システムに事案をあげる。

(2) 作成のスケジュール

- 夏季休業日の前までに次年度の教育委員会への届け出案を作成する。
- 夏季休業日に入り、事案決定システムで案の仮決定を行う。
- 専科教員が印刷・製本を行う。

これまでは「資料を出せと言われてから出す」ことが学校常識であり、誰も何の違和感もなかった。

しかし、多忙感のある勤務をしている教職員は、何らかの手を打ってほしいと願っている。その願いに応えるためにも、ゆとりのある夏季休業中の作成に踏み切るとよい。

また、教育委員会の指導を受ける3月は、資料にあげた項目以外の届け出資料を求められることも多いが、その追加資料のみを作成すればよいので、比較的簡単に作成することができる。「先手必勝」となっているのだ。

校長のリーダーシップと配慮事項

新しいことを行うには、校長のリーダーシップが重要だ。「すべての責任を負う」ことを教職員に明言し実行すれば、案外スムーズにいく。それには校長自身が守りに入ってはならない。

なお、夏季休業中の時点では仮決定であり、3月に最終決定を行うことを内外に示すとよい。「まだ作成の時期ではない」という声が教職員から出されたときは、「案外、毎年内容が変わっていない」「一年で一番ゆとりがある時期に作成するほうが内容がよくなる」ことを強く伝えて実行を促すとよい。

教育委員会によっては、3月の多忙さを見越して、次年度の教育課程の作成項目を「メモ」として夏季休業中に示すところもあるくらいである。

*

なお、提出予定資料の作成と併せて、倉庫等の整頓も夏休みに行うことが重要だ。熊本県のモデル校での取り組みが、県教委ホームページの「【校務改革】の成果シート」(環境整備)のなかで詳しく報告されているので、参考にしてほしい。

学校評価の重点を学力から「授業」にシフトする

学校改革の極意

①全国学力・学習状況調査の学校質問紙と児童生徒質問紙の数値を比較してみる！
②どの項目に大きな違いがあるか、原因は何かを確かめる！
③学校全体ではなく、教師個々の授業力の向上を図るための対策を練る！

毎年、全国学力・学習状況調査の数値が出る。この数値を学校評価で分析する学校は多い。また、その数値を保護者へタイムリーな形で知らせる学校もある。調査結果の概要、分析に基づく成果と課題、今後の取り組みなどの報告が中心となる。

こうした取り組みを根気強く行えば、保護者の協力も得られ、授業力や学力は確実に向上するはずだが、成果に結びついていないのはなぜだろう。形だけの学校評価となっていないだろうか。

教師と子どもの数値の乖離

全国学力・学習状況調査では、学力調査だけでなく、学校質問紙と児童生徒質問紙の結果も出される。毎年感じることだが、教師と児童生徒の数値の違いには驚かされる。特定の自治体だけではなく、多くの自治体で見られる傾向である。

そこで、ある自治体の中学校のデータの詳細を分析してみた。

(1)「めあてや学習課題が提示されているか」

教師の数値は99ポイント、生徒の数値は81ポイント、何と18ポイントの差がある。肯定的な回答のなかでも内訳の割合に大きな差があり、意識のずれがある。

(2)「課題解決に向けた交流や発表等の学習活動に取り組んでいるか」

教師の数値は90ポイント、生徒の数値は61ポイント、29ポイントの差がある。また、「授業で話し合う活動を行っている」や「話し合い活動を通じて考えを深めたり広げたりすることができる」という項目でも、教師と生徒の間に大きな差が見られる。

(3)「振り返りの活動が行われているか」

教師の数値は86ポイント、生徒は64ポイント、やはり22ポイントの開きがある。教師と生徒の意識のずれが大きく、教師が指導を行ったと考えていても、生徒はそう受け取っていないことがわかる。

これほど教師と生徒の数値が大きく違うと、学校評価をする意義さえ失うことになる。教師は「行っている」と思っていても、生徒は「そうではない」と考えているからだ。

何のために評価をするのか、出てきた数値をどのように生かすのかを吟味することが、喫緊の課題ではないだろうか。

授業評価のねらいと改善の視点

そこで、学校評価の対象を、学力の数値だけでなく、「授業」そのものに重点を置いた授業評価にシフトするとよい。

この授業評価は、学校としてまた教師個々として、「わかる授業」が行われているかを多面的に評価することがねらいだ。出てきた数値を学校全体の授業改善につなげていけるかがカギとなる。

どのような視点で授業改善をしていくのか、どんな手立てで改善するのか等を学校全体で共有し、授業改善を進めていかなければならない。その際に重要なことは、評価の結果や問題点、改善の方法を学校内外に明らかにすることである。

このとき課題となるのは、「教師個々の授業評価」に視点を当てているかどうかだ。学校全体ではどうしても平均の数値しか出ず、教師個々の責任が曖昧になる。これでは教師個々の授業力の向上は望めない。

どの教師にどのくらい授業力があるか、どんなところにつまずきがあるかを明らかにする必要がある。出てきた数値が、教師の「行っている」という思い込みに歯止めをかけてくれる。

また、授業は子どもたちにも責任があるので、子どもたち側からの検証をすることも重要だ。子どもたち自身が主体的・対話的に学習活動に取り組んでいるかを自己評価させることも、大切である。

授業評価の評価項目の例

次頁の**資料**は、「授業重点評価カード」という、授業評価を行う際の評価項目の例である。問題解決学習を進めるための授業評価がしやすくなっている。

資料：「授業重点評価カード」の例

1 前時の振り返りを、「振り返りノート」からしましたか
2 日付（板書）を書きましたか
3 課題は行動目標となっていましたか
4 課題を赤で囲みましたか
5 本時の流れの説明を行いましたか
6 言語わざを提示しましたか
7 課題、自力、集団解決、結果等のグッズ類を黒板に貼りましたか
8 子どもの名前を黒板に貼りましたか
9 課題を3回、子どもが声に出しましたか
10 自力解決はたくさん時間がありましたか
11 自力解決では、すぐに解決できた子や解決できない子への対応策をとりましたか
12 子どもが自力解決中、教師は赤ペンを持って机間指導をしましたか
13 ペアで褒めてアドバイスをしていましたか
14 班学習ではワークショップ等で意見集約をしていましたか
15 全体集団解決では、子どもは友だちの名前を言い、意見をつなぎましたか
16 ただの意見発表ではなく、練り上げになっていましたか
17 子どもは自席から出て、前後左右から発表しましたか
18 ノートに理由をつけて自分の考えを書いていましたか
19 ノートに仲間の考えを書いていましたか
20 まとめのコメントを子どもがしましたか
21 まとめを青で囲みましたか
22 振り返りの視点を示しましたか
23 振り返りのコメントを子どもがしましたか
24 一問一答（教師対子ども）となっていませんでしたか
25 教師は少なく話したと思いますか

また、授業の流れに沿って評価項目が設定されているので、どの項目に課題があるかが即座にわかり、対策がとりやすい。一項目4点で採点するので、百点満点の数値が出るようになっている。

子どもたちによる自己評価も、語尾等を変えて、同じ評価項目で行う。評価項目をそろえて行い、教師と児童生徒の結果を比較することが大事だ。

*

法律や学校管理規則等で規定されている学校評価だが、形ばかりで終えている評価も少なくない。表面上の数値で報告書を出していたら、学校も教師も何も変わらない。保護者や地域は、何のための学校評価なのかについて疑問を持ち始めている。評価項目や公開方法を考え直すしかない。

「褒めて終わり」の通知表所見欄から脱却する

学校改革の極意

①通知表は、終業式の1週間前に配り、子どもや保護者の質問に応える！
②「すばらしい、すばらしい」と成果だけを記入する評価にはしない！
③ちょこっとメモ、学びの振り返り、アンケート等で子どもを見取る！

通知表は誰のためにあるのだろう。子どもの成長を支えるためだけではなく、教師自身が自らの指導を振り返るためにもあるのではないか。

- 学校での様子をご家庭に知らせる。

●次のステップとなるような助言をする。

この両者の機能を併せ持つ、子どもが「もらってよかった」、教師が「渡してよかった」と思えるような通知表こそが、めざす通知表ではないだろうか。

ところが、これまでの学校常識の通知表を続けている学校がある。学習成績はあくまでも子どもの責任とし、具体的な改善策を示さずに出す。難解な用語で記述したり、一担任の判断だけで書かれたような記述がある。

これからの通知表の姿

通知表を受け取る子どもや保護者の気持ちを考えるとよい。

作成者は学習成績を示すだけでなく、その改善策も具体的に記述する。学習成績は「示して終わり」ではなく、子どもや保護者が一緒になって学習課題の解決に取り組むことが重要になるからだ。

また、これまでの通知表は、その時点での結果を記入するだけのものであった。もしその後に成果が上がったならば、過去の成績を修正するとよい。学習課題の改善を促すには、敗者復活型を取り入れることだ。

成績についての保護者や子どもからの疑問には、丁寧に答えるようにする。元勤務校では、終業式1週間前に通知表を配付し、質問に答えるようにした。これにより担任や学校への信頼が増したことは確かだ。

なお、管理職が必ず下書きの段階から見て、作成者を指導することは当然のことだ。

さらに、通知表の書き方には、小・中学校の整合性も重要だ。

全国や各自治体の学力・学習状況調査で、各教科の数値や平均点が出る。担任はその数値をもとに課題や方策を示している。

ところが、小学校と中学校で教師の伝達方法や保護者の受け止め方に微妙な違いが出てくる。中学校に進学し、小学校の評価との違いにとまどう保護者や子どもが出てくる。小学校の「すばらしい、すばらしい」と成果だけを記入する書き方に、子どもも保護者も慣れていたからだ。保護者が慌てる姿に、申しわけない思いを持ったのは、私一人だけではないと思う。

「すばらしい、すばらしい」という表記からの脱却

もらってよかったという通知表にするために、所見の記述を次のようにするとよい。

①どの子にも成果を書く（成果）

②どの子にも課題を書く（課題）

③どの子にも「こうして進めます」という方策を示す（改善策）

③の改善策が中心の記述となる。この記述方法は、校内研究のワークショップの手法を参考にしている。成果・課題・改善策の3点から記入すれば、子どもを多面的に見られるようになる。「すばらしい、すばらしい」という表記がなくなると思う。ほめ言葉だけでは、「あ、そうか」で終わる。励ましにはならない。子どもの誰にでも課題はあるはずだ。改善策を書くと、子どもや保護者にさらなる達成目標ができる。

具体的な所見の記述例

※―は成果、～は課題、＝は改善策を示す

(1) 低学年記述例

入学当初は、自分から友だちにかかわることができませんでしたが、ペア学習や異学年交流を通じて徐々に積極的になり、今ではいろいろな場面で友だちと協力することが多くなりました。

作文に苦手意識があり、「知らせたいな、見せたいな」で金魚の観察をしたときは、「何を書けばよいかわからない」と言っていました。そこで、色や形など観察の視点を教えました。

後期は、毎日学びの交換便を書くことで、書くことの経験を積み重ねていきたいと思います。

(2) 中学年記述例

算数「わり算の筆算」の学習では、朝のドリルやセカンドスクールで繰り返し練習をすることで、計算をすばやく正確に行うことができるようになりました。

責任感が強く、教室の清掃に熱心に取り組んでいますが、真剣さからか友だちに厳しく言って嫌な思いをさせることがありました。

これからは、仲よく手際よく仕事ができるように、言い方をほんの少し変えてみるように見守っていきます。

(3) 高学年記述例

課題に対してどんな指導をしたのかがわかり、ノートコンクールでは惜しくも入賞できませんでしたが、理解力が確実にアップしてきています。

○○委員会では仕事を忘れてしまうことがあり、委員会の役割や高学年としての自覚と責任感について指導しました。

後期は、副委員長として委員長を助け、進んで仕事に取り組むように励まします。

通知表作成のための見取り場面と配付時期

(1) ちょこっとメモ

放課後に5分間で今日の1日の指導を振り返り、印象的だった子どもについて週案に書く。付箋を使うと楽である。

(2) ①学びの交換便・②貯金ノート

①毎日5〜10人程度の子どものノートを預かり、所見に使えそうなところに花丸等の印をつけておく。②所見を書く長期休業の前に、全員分のノートを預かる。

(3) アンケート

長期休業の前に子どもに今学期の学習・生活を振り返るアンケートをとる。とくにがんばったこと、もっとがんばりたいことを書かせておく。あわせて、係・委員会・クラブ・交友関係を記述させておくと便利である。

(4) 配付時期と質問への対応

通知表を終業式の1週間前に配るようにしたことで、担任にも緊張感が出た。質問を受けるので、データの整備に気を遣っていた。終業式の後に配付していたときは、長期休業に入るので質問も来なかった。1週間の猶予を置くことで、質問にじっくり応えることができた。これが本当の学校常識ではないだろうか。

学年を越えた縦割り学びを取り入れる

学校改革の極意

①わからないと言える授業、仲間で学び合う授業を構築する！
②異年齢集団による活動を通して、子どもたちの縦のつながりを深める！
③休み時間や放課後に、他学年と声をかけあう子どもたちが増える！

わからない子を大切にする授業の構築

中学校の数学の授業を見る機会があった。教師が喋りまくり、黒板は教師の考えでびっしり。わかる子だけで進める授業。複雑な思いがしたのは、わからない子が相変わらずいるなかで授業を進めていることであった。

アクティブ・ラーニング（主体的・対話的で深い学び）とは、仲間で進める授業のことではないか。わからない子がわからないと言い、仲間で助け合い学び合う授業のことではないか。

専門的知識を指導するのもよい。だが大事なことは、わからない子を大切にしていく授業を必ず構築することだ。

ある県でいくつかの提案をしてきた。わからない子がいたら、すぐにわかる子に聞きに行かせる。自力解決を終えたら、全員が他人のノートを見に行く「ノート展覧会」。班活動の最初には「ノートの回し読み」。どれも子どもたちが仲間内で学ぶ方法である。

こうした方法を学年を越えてできないか、これまで模索してきた。私の考える子どもたちに必要な学びとは、同学年の仲間だけで学ぶのではなく、異学年で学びを交流することだ。

教科の縦割り学びを行う

異年齢集団による活動を通して、子どもたちの縦のつながりを深め、好ましい人間関係を築いていく方法を実践してきた。教科学習の異学年交流のなかで、子ども同士がお互いに認めていく。信頼することや、思いやりの気持ちを持つことを育てる授業だ。

教育課程に位置づけるにあたっては、それぞれの学年の教科・領域のねらいを明確にし、実施時期や内容を検討した（次頁**資料**）。子ども同士のかかわりを広げ、継続させるようにしてきた。

＊

学びの交流により、子どもたちが学年を越えて学ぶことに抵抗感がなくなった。そのことにより、休み時間や放課後に他学年と声をかけあう子どもたちが増え、かかわり合いが増えた。

事前の打ち合わせの時間設定や、内容を充実させることには難しい面もあったが、教師同士の交流も増えたことで、学校が一枚岩になって何でも対処できるようになった。

資料：教科の縦割り学びの実施予定表

—学年を超えたかかわりが育む豊かな人間性—			
月	活動名 教科・領域　ほか	活動のねらい	主な活動内容
4	レッツゴー学校探検 1年（生活科） 2年（生活科）	・学校のことを知り、楽しく学校生活を送ろうとする気持ちを育てる。 ・友達や下級生のことを考えながら学校生活を楽しもうとする気持ちを育てる。	・グループごとに2年生がリードしながら校内を探検する。 ・探検を終えた感想を発表し合う。 ・2年生が1年生を教室まで送る。
5	交流遠足 1・6年（行事） 2・5年（行事） 3・4年（行事）	・友達のことを知り、仲良くしようとする態度を育てる。 ・春の自然を味わう。 ・思いやりの心を育てるとともに、上級生としての意識をもつ。	・現地までの往復をペアとなり歩く。 ・グループごとに遊んだり、昼食を食べたりする。
6	校歌を伝えよう 1年（音楽） 4年（音楽） 場所　体育館	・1年生は、校歌をしっかり歌えるようにする。 ・4年生は、校歌を、1年生に教える。	・4教室に別れ、グループごとに練習をする。 ・全員で校歌を歌う。 ・お互いの成果を認め合う。
7	はじめてのミシン 5年（家庭科） 6年（家庭科） 場所　家庭科室	・5年生は、ミシンの使い方を知る。 ・ミシンの良さを学びあう。 ・ミシンを使うときの約束事を知る。 ・6年生は、上級生としてお手本を示す。	・1対1で学び合う。 ・作ったものをグループで発表する。 ・ミシンを使うときの約束事を知る。
9	学習発表会 5年（総合） 6年（総合） 場所　各教室	・子ども自ら内容を考える。 ・4年生に活動内容を知らせる。 ・主体的な学びの育成を図る。	・ポスターセッション形式で、活動の様子を発表する。 ・4年生が感想を発表する。 ・保護者に公開する。
10	作って遊ぼう 2年（図工） 3年（図工） 場所　各教室	・図工で培った技能をもとに、自分で考えた作品を作り、遊ぶ。 ・だれとでも仲良くする態度を育てる。	・子どもが工作の内容を考える。 ・限られた時間内で作り、遊ぶ。 ・グループで遊ぶ。
11	合唱コンクール練習 1・6年（音楽） 2・5年（音楽） 3・4年（音楽） 場所　教室　体育館	・練習をして、課題を指摘し合う。 ・励まし合うことを学ぶ。 ・仲間内でのチームワークを高め合う。 ・毎日の積み重ねの大切さを知る。	・めあてを決め練習する。 ・声を出し合い練習をする。 ・練習日程を確かめ合う。
12	レッツ・マラソン 1・6年（体育科） 2・5年（体育科） 3・4年（体育科）	・マラソンを楽しくする。 ・練習をして、課題を指摘し合う。 ・励まし合うことを学ぶ。 ・仲間内でのチームワークを高め合う。	・めあてを決め練習する。 ・声を出し合い練習をする。 ・1対1で練習をする。 ・練習日程を確かめ合う

授業づくりを担う委員会活動を設ける

学校改革の極意

①子どもの委員会活動を「学習活動」に影響する内容にする！
②ノートコンクールを実施し、教師だけでなく子どもも担うようにする！
③教師が一人で仕切っていた授業の進行を、子どもの「授業進行係」に任せる！

新学習指導要領の土台となった中央教育審議会「答申」は、アクティブ・ラーニングの視点から教育課程を質的に改善するという方向性を示した。賛同することばかりだ。

答申には、「資質・能力を子供たち一人一人に確実に育む学校教育」という、学校・教師の立場から記述されている文があり、「子供自身が学びの意義を自覚する」と、子ども側から記述されている文もあった。「主体的・対話的で深い学び」をめざすならば、もっと子どもの側に立つことが必要だ。

学習指導要領の「各教科」を受けて教科書はつくられるが、学習指導要領の「総則」を受けてつくられた子ども向けの資料はない。新学習指導要領の趣旨をふまえた、学び方の資料がないのだ。

なければ、学校現場でつくるしかない。私の元勤務校や指導した学校は、学び方を教師任せにしていない。子どもの委員会活動により、授業運営を担う仕組みを整えた。

「学習のわざ委員会」の設置

委員会活動は、子どもの主体性・自治能力・問題解決力を育てるためにある。しかしこれまで、「学習活動」へ直接影響するような活動を行う委員会はなかった。授業は教師が行うという強い考え方があったからだ。

そこで元勤務校では、子ども自身が学びを創ると考え、「学習のわざ委員会」を設置した。ノートコンクールの推進、「授業進行係」の設置、「学習言語わざ」の状況調査な

ノートコンクールの掲示

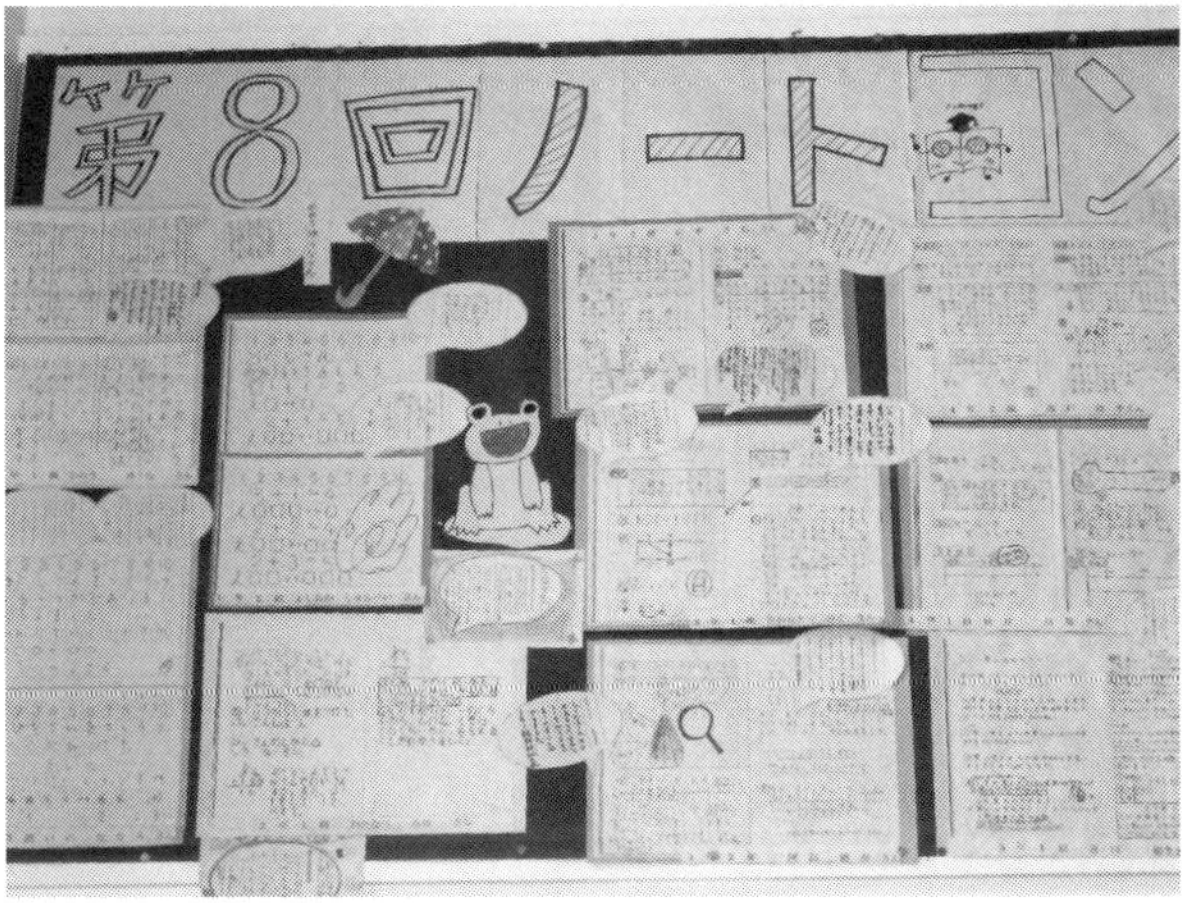

ど、教師が行ってきた内容を主な活動とした。

ノートコンクールとノート大賞

ノートコンクール（**写真**）は、子どもにノートの取り方や学び方のモデルを示し、ノートづくりの意欲を高めるために行った。

選考対象はノート見開き2ページで、年2回（6月・11月）行い、担任と「学習のわざ委員会」が担った。担任が学級の代表児童を選出し、そこから「学習のわざ委員会」が委員会活動として選考する仕組みだ。

選考基準として、低学年は「後で読んでもわかる字で書いている」、中学年は「理由をつけて自分の考えを書いたり、友だちのよい考えを書いたりしている」、高学年は「わかったことや考えたこと、友だちの考え等を生かした振り返りを書いている」とした。

次に、ノート大賞は年に1回、「授業ノート」と「家庭学習用ノート」の2部門の大賞を決めるもので、自推で応募する形式をとった。

授業ノートの評価基準は、「ノート1冊そのものが、ノートコンクールの選考基準に準じて作成されている」とした。

家庭学習用ノートの評価基準は、「各学年の目標に沿って、考えたことが、筋道立てて（低学年）／要約して（中学年）／論理的に（高学年）記載されていること」とした。

これらの運営を子どもが担うことで、学校全体のノートづくりがよいものとなった。

「授業進行係」の導入

授業力とは、誰がつける力だろう。これまでは「教師がつける力」ととらえていた。

だが、教師主体の授業は「子ども同士が学び合い、自ら考え表現しながら本質的な学びを生み出す授業」とはならない。子どもが教師を頼らずに仲間と協働して創る授業ができたとき、はじめて授業は成立する。学習指導要領総則にも「各教科等の指導に当たっては、……自主的、自発的な学習が促されるよう工夫すること」とある。

授業力とは、案外、教師より子どもが身につける力ではないだろうか。

その方策として、高知県をはじめ全国の学校に「授業進行係」の導入を勧めてきた。子どもが主体的・対話的に仲間と学ぶための方法となるからだ。

これまでの「教科係」は、担当の教師から持ち物や宿題等を聞き、教室でそのことを伝える役割しかなかった。そこで「学習のわざ委員会」の仕事として、教科係の替わりに「授業進行係」を各学級に位置づけた。教師の独壇場になる授業をやめる一つの方策としても、導入したかった。

最初は「授業進行係」に多くは望まなかった。だが、子どもは「授業進行係」に慣れるに従い、自分たちでもっと授業運営をしたいという思いが強くなってきた。そこで、「授業進行係」に多くの授業運営を任せるようにした（次頁**資料**）。

ある研究授業が終わったとき、泣いた子どもがいた。理由を尋ねると、「普段はもっとうまく司会ができたのに」との言葉が返ってきた。授業に責任を負う姿に感動した。

＊

教科の専門性を出す授業は、教師が光る。だが子どもは受け身となりやすい。教師が仕切る授業となりやすいからだ。

それなら「子どもが進める学習活動」へ転換するとよい。それには、従来の子どもの委員会活動を見直し、授業改善に関係する委員会を設置するとよい。

資料：「授業進行係」の役割

①号令係り（始めと終了の挨拶）
②タイマー係り（問題解決学習時のタイマー）
③司会係り（全体の司会・各学習段階の司会）
④板書係（意見や考察を板書）
⑤言語わざ係り（本時で進める言語活動の言葉の伝達）
⑥机配置係り（前向きか班会か教室の真ん中を向くのかの指示）
⑦本時の教材掲示係り（資料や学習問題の掲示）
⑧前時の振り返り発表係り（前時の振り返りを発表する）
⑨見通し確認係り（課題解決が可能か、できない場合の対応の指示）
⑩教科指導係り（課題解決ができない子への指導を担当）
⑪授業内班長会（班会で話し合う内容や発表方法の伝達）
⑫班会（班内の係りの指示と解けない子からの発表の指示）
⑬ノート・ワークシート係り（ノート展覧会や「ノート回し」の指示）
⑭参観者への対応係り（お礼の言葉）

3章 「多忙」を生まずに授業改善する極意

ワークショップ研究協議会のマナーを定める

学校改革の極意

①ワークショップは、協働で何かをつくり出す学びと創造のスタイル！
②ワークショップでは、事前準備や確認ポイントなどのマナーを順守する！
③研究協議会で学んだことを「改善論文」にまとめ、お礼状として送る！

従来の研究協議会には課題がある。指名しないとなかなか口を開こうとしない教師や、美辞麗句だけを述べる教師が少なくない。

課題があっても、どのような改善策があるかは不明確なまま終わらせている。そのため、授業に活かせるものとなっていない。また一部の教師の発言で済ませて、若手教師が参加しにくい面がある。

有意義なワークショップを行うためのマナー

ワークショップは、参加者が自ら参加・体験して協働で何かを学び合ったり、つくり出したりする学びのスタイルである。

何かについて学ぶとき、他の教師や講師から一方的に話を聞いたり、ただテキストや教材を読んだりするだけではない。その場に参加した参加者同士が、お互いに語り合い学び合うシステムだ。教える側から学ぶ側への一方的な知識伝達型と違い、双方向的な参加型の学びの場である。

協議会のなかでは、研究目標の達成に向けて、提案授業がどのように有効だったかを検証することになる。授業者から学ぶことはたくさんあるので、若手教師は貪欲に情報を集めるとよい。

このとき、ワークショップ研究協議会のマナーとして、事前準備や確認ポイントなどを定めておくと、ただ漠然と授業を見てしまうことを防ぎ、有意義なワークショップを行うことができる。

研究授業の参観前のマナー

参観者は多くを学ぶ気持ちで、授業者は自身の指導を振り返る気持ちで、研究授業に向かう。

提案する授業者やご指導をいただく講師の先生に失礼がないように、参観者は授業開始3分前には教室に入る。

子どもたちの雰囲気、学習用具の整頓の様子、学級掲示物、学習形態、学習準備状況、学習経過模造紙、子どもの学習ノート、子どもへの集中のさせ方等、授業開始前から学ぶべきことは多々ある。なお、教室には奥から入る。

スーツで参加するのは当然のことである。正しい服装を常に心がける。

研究授業の参観中のマナー

(1) 授業記録をとりながら参観する

研究協議会では、授業時の「教師の発問指示・説明」「教師の働きかけ」「児童生徒の反応」といった観点から、それぞれのグループで分析をすることになる。そのため授業記録は必ずとるようにする。記録する際は、次のポイントに留意するとよい。

●授業を時系列で記録していく（左の例を参照）。
●授業中の教師の指示・説明・発問等の働きかけを「T（teacher）」で記録する。
●授業中の児童生徒の反応（発言、つぶやき、行動）等を「C（children）」で記録する。
●目に見える行動記録だけでなく、学習の雰囲気等、見えない部分も記録する。
●自分なりの成果・課題・改善策を書く。

経過	学習活動	○成果　△課題　●改善策
問い	T（教師） C（子ども）	○〜〜〜〜〜。 △〜〜〜〜〜。 ●〜〜〜〜〜〜。

教師の働きかけと子どもの反応で授業を見とる力を付ける。（刺激と反応）

(2) 付箋書きのマナー

①付箋は具体的にわかりやすく書く

参観中に気づいた課題を記す付箋に「教師のまとめの仕方」と書いても、何を意味しているのかわからない。キーワードではなく、説明をつけてわかりやすく書く。

②全員による付箋書き

授業の観点に沿って書く。回を重ねると短時間でたくさんの意見を書けるようになる。参加者全員が書くのがマナーだ。

ワークショップ研究協議会でのマナー

(1)　一人10秒以内で端的に話す

教師は話が長い。しかし、一人が話せば話すほど、他の人の発言機会を奪うことになる。全員が意見を表明し、考え合う協議会とするために、一人10秒以内で端的に話す。

(2)　自分の話す順番を守る

話したいことがあると、他の人の順番に割り込んで話してしまう人がいる。ワークショップの協議会は、全員が意見を出し合うことが大前提であるので、自分の順番が来るまで待つ。じっくり他の人の考えを聞いてから、自分の考えを発表する。

(3) 出された意見は否定しない

出された意見は、どんなものも否定しない。一つの考えとして受け止める。「どんな考えも出してよい」場だから、若手教師も積極的に発言することができる。どうしても反論がある場合は「否定」ではなく「指摘」をし、全体の議論につなげる。

(4) まとめは不要

ワークショップはいろいろな意見を出し合う会だ。結論を出す必要はなく、まとめは不要である。

研究協議会後のマナー

ワークショップ研究協議会を終え、講師の先生のご指導を受けた後、授業者はすぐに「改善論文」を作成するとよい（**資料**）。研究協議会から学んだこと、これからの自分の授業に活かしていくこと等を文章化する。

その改善論文を、当日お世話になった講師の先生や仲間の教師にお礼状として配付するとよい。感謝を込めたお礼状を送るのは、社会人としての常識である。

資料：研究協議会後の「改善論文」

行	構成	本文
1	タイトル	○年の国語科の授業を終えて
2	指導者名	教諭
3	日時・対象	（　年　月　日（　）第　学年）
4	１行空	
5	前時の反省	前時までの学習において、学習が時間内に終わらなかったという反省のもと、本時にお
6	本時の目標	いては、子供の発言を絞って聞き、課題に関連するところに重点をおいた。本時の目標を
7		「中心人物の気持ちが大きく変化したところを読み取ることが出来る」とした。この目標
8		を達成するために、中心人物の気持ちが表れている表現に着目させた。子供は、意見を交
9		流する中で、中心人物の気持ちの変化をおさえ、その様子をワークシートに書いた。
10	授業を終え	子供は、毎時間、このような流れのもとに学習を進めてきたので、予想以上に想像した
11	た感想（自	ことを詳しくワークシートに書き込むことができた。学び合いの場面においても、自分の
12	評の一部）	考えを友達の考えと比べたり、関連させたりしながら発言できる子供もいた。子供が中心
13		となり、授業を展開することができたように思う。しかし、課題であった時間配分は、子
14		供がたくさんの意見を発表したため、うまくできなかった。時間が足りなくなり、まとめ
15		の場面においては、子供一人の発言でまとめを行ったため、全体のものとすることができ
16		なかった。また、子供の全員が発言は出来たものの発表者に偏りがあったことが気になっ
17		た。
18	研究協議会	研究協議においては、「話し合いを焦点化すること」「課題に近い発言が出た時に迫って
19	での指摘と	いく」「みんなの考えでまとめていく」などの課題が出された。また、講師の先生からは、
20	感想	本時の課題を解決するためには、単元の目標である「場面の移り変わりに注意しながら」
21		ということを押さえるように指導された。本時は、第三場面の内容であったが、第一、二
22		場面と比べる必要があったからだ。また、子供に考えさせたいところを焦点化させること
23		で、目的意識をもって読むことができることも教わった。子供に、「何のために読んでいる
24		のか」ということを意識させ、深く読ませることが必要であった。
25	課題点や反	反省をする点は、２つある。１つは、学習内容を絞り切れなかったことだ。子供は、中
26	省点	心人物の気持ちや様子をワークシートに記入することはできていた。だが、その考えを全
27		部発表させられず、子供が何のために読んでいるのかということが理解できないまま、学
28		習を進めたことだ。２つ目は、最初にも述べたが、まとめの段階において、全体の考えを
29		出し合う時間がなく、子供一人の意見でまとめをしたことだ。
30	改善策	こうした指摘をもとに、今後は、本時の目標を達成するために、単元全体の目標を意識
31		し、「この教材で子供に何を身に付けさせたいのか」をよく考え、学習を展開していく。そ
32		のために、学習内容を焦点化し、ポイントとなるところでは、立ち止まり深く考えること
33		を助言したい。そうすることにより、子供の思考の質は高まると思う。また、多くの子供
34		の発言をもとに本時のまとめができるようにするために、学び合いの場面においては、子
35		供一人一人にしっかりと意見をもたせる。そのためには、ペア学習やグループ学習を一層、
36		充実していく。自分の考えがまとまっていない子供も友だちの発言を聞いたり、またその
37		発言を自分の言葉で説明したりすることで、いろいろな考えに触れ、自分の考えがもてる
38		ようになるからだ。

4章

「多忙」を生まない
学校行事の極意

学校行事を大人から子どもに返す

学校改革の極意

①学校行事に時間を多く費やすほど、何らかの課題を抱える！

②練習、練習、練習、本番という常識を変えるため、特別時程は絶対に組まない！

③始業式と入学式を時間を置かずに開催すれば、全校児童生徒で新入生を祝うことができる！

学校行事は、誰のための教育活動だろうか、何のために行っているのだろうかと、疑問を持つことが多い。行事のための練習に多くの時間を費やしたり、前例踏襲の実施方法で行っているのを見てきたからだ。

●運動会や学芸会などの練習のために特別時程を組むため、教科学習の教育課程が適正に行われていない。
●行事のための「装飾」に力を注ぎ、見栄え中心、大人のための行事になっている。
●行事を名目にした授業カットが多く、学力の低下につながっている。
●「やらせ的」要素の行事が多く、子どもが真に主体的に取り組む内容となっていない。

こうした課題に気づいてから、行事について疑問を持つようになった。子どもの心を育む教育活動であるべき学校行事などの教育活動が、教師と子どもが向き合う時間を減らし、ショー型になっている。

また、授業改善より行事に燃える教師がいたりするなど、行事にかかわる教師の課題も解決する必要がある。

行事の実施方法の見直し

学校行事は、本来、子どもたちを元気づけるものだ。楽しいものだ。

そのためには、学校行事などの教育活動をまず精選するとよい。そのうえで内容や方法を見直し、ゆとりのあるなかで実施する。そうすれば本来の行事の姿に戻るはずだ。

それには、従前から行ってきた行事を見直すことが重要である。

(1)　練習、練習、練習、本番という常識を変える

学校には行事の練習のための特別時程を組むという常識がある。これを疑問に思わず、前からやってきたからということで行っている学校が多い。

学習指導要領の特別活動の趣旨だけでなく、総則にある「主体的」という言葉を大事にするならば、教師主体のやらせ的な「練習、練習、練習、本番」という構図はないはずだ。教師側から見る行事、教師自らが経験してきたことを子どもにそのまま伝えることは避けたい。

そこで、普段の時間割どおりの日程で練習を行い、本番を迎えるとよい。それには、長期の指導計画を作成することが重要だ。そうすることで、ゆったりしたなかで行事を行うことができる。

(2)　内容の見直し

学習指導要領の総則には、「見通し」「振り返り」「言語活動」「主体的」などの言葉が並んでいる。これを大事にするならば、行事の項目もそうした内容を加味した内容でなければならない。行事を行うための見通しを立てさせたり、振り返りまで行わせることは必須である。

(3)　子ども主体の行事

「行事は子どもを主体に」と、多くの教師は言う。だが、そうではない教師主体の行事

を多く見てきた。司会原稿を教師が書き、それを子どもに読ませたり、卒業式の呼びかけ台本を子どもから集めたとはいえ、教師がまとめたことを子どもに言わせたりしていた。教師主導を変えなければならない。

(4) 装飾は必要なし

行事の内容が豊かであれば、装飾はあまり必要ではない。かつて、展覧会のような装飾の卒業式を行ったことがある。その日限りの飾りつけに疑問を持ち廃止したところ、やはり子どもや教師にゆとりが戻った。

行事のための飾りに時間をかけるのではなく、内容に力を注ぐことに力を入れるべきだ。

始業式と入学式の連動開催

(1) 式典による早帰り

大都市で多いことだが、始業式や終業式の後、子どもを下校させてから入学式や卒業式を行う学校がある。スペースがないため、体育館に全児童生徒を入れられないからだ。

しかし、そこにいくつかの課題が出る。

●入学式に参加しない子どもに下校を急がせるため、配付物が中心の時間となり、新担任とのかかわりが生まれない。

●終業式や卒業式を別の日に設定しているため、授業時数の確保ができない。

●両親とも働く保護者が多いにもかかわらず、子どもの早帰りを行っている。

(2) 連動開催のメリット

授業時数を確保することが何より重要だ。そのため、子どもの早帰りは行わない。こうしたことが本当の学校常識ではないか。

そこで、始業式と入学式を連動させて開催した。始業式の終了後、すぐに入学式を行い、全校児童生徒で新1年生の入学を祝った。連動開催には次のメリットがあった。

●全校の子どもが午前授業をゆっくり行うことができる。

●これまで教師が行ってきた仕事を一部の学年の子どもが担うことで、子どもが育つ。

＊

感染症対策が求められる状況では、密集を避けるために連動開催はむずかしい面もあるだろう。来場者を制限する替わりに、オンラインで上映するなどの方法も考えられる。時間の都合で来場できない保護者も参観できるようになる。大切なのは、潜在的な課題や変化する状況をとらえて、これまで行ってきたことを見直し変えていくことだ。

即座に取り組むにはむずかしいだろう。だが、本当の常識は何かを考えれば答えは一つ、子どもの学びを保障することだ。変えることをためらってはならない。

運動会は教師ではなく子どもが創り上げる

学校改革の極意

①運動会も授業と同様、子どもが主体的・対話的に行う活動にする！
②原理・原則を決めて、運動会の開催方法をリニューアルする！
③表現活動は、教師が教え込むのではなく、子ども自身が創り上げる！

数年前、運動会で組体操の事故が問題となった。相次ぐ事故を受けてその危険性が指摘され、「タワー」や「ピラミッド」を中止することにした教育委員会もあった。

私が疑問に思ったのは、組体操を実施するかしないかを大人だけで論じてよいのだろうか、ということだった。組体操を行うかどうかについて、子どもがどう考えているかを聞くことも、一つの選択肢だと思ったからだ。

これまでの運動会の課題

さて、運動会を考えてみよう。これまでの同一学年・同一種目、教師主体の表現指導、練習・練習・練習・練習・本番の運動会。こうした運動会のあり方に、疑問を持ったことがあるだろうか。

運動会も授業と同様、子どもが主体的・対話的に行う活動のはずだ。そこでこれまでの教師主体の運動会を見直す時期ではないだろうか。

練習のための特別時間割を組み、膨大な時間を使って本番を迎える。教師中心の教え込みの指導が多く、見栄え中心の内容となっている。そのため教師満足に陥りやすい。

また、教師が係活動の責任者になっていると、本番の日に学級の子どものそばにいないことも多く、問題が発生しやすい。

そこで、大きく方針を転換した、元勤務校での運動会を紹介する。

リニューアル運動会の原理・原則

①種目は、子どもが自ら判断し選択する。

②最小の準備や短い練習時間とし、特別時間割は組まない。決められた範囲内で練習を行う。
③開会式と閉会式の練習は、朝礼台に乗る子どもや担当する教師だけで行う。
④全体練習は、全校競技のみとする。
⑤教師は子どもと向き合う児童係とし、これまで教師の役であった係の仕事は中学生と地域ボランティアが担う。
⑥演技図、ライン図、放送原稿、用具図は作成しない。当日も普段の練習のとおり、学年で準備物を用意し後片づけを行う。
⑦プログラムの作成に時間をかけないため、毎年使用できる「永久プログラム」を導入する。
⑧放送原稿の作成に時間をかけないため、毎年使用できる「永久放送原稿」を活用する。基本的な進行内容とし、それ以上に放送したい場合は学年で行う。

表現活動のリニューアル

(1)「見栄え中心」の表現活動の課題

勤務校の運動会のダンスや組体操の表現は、指導者が1～2ヵ月前に考えたことを子どもたちが教わる形であった。運動会後の反省会では、「〇年のダンスはよかった」と指導者の活躍を教師同士で褒め称えていた。

見栄え中心となっており、学習指導要領の趣旨の一つである「子どもが自ら考え、自ら判断し、自ら表現する」理念はなかった。

(2) 子どもたちで創作する表現活動の進め方

これらのことを反省し、表現活動を子どもたちで創作する活動とした。子どもたちには、朝会で次のように伝えた（なお、1月始まりの教育課程のため、2月から練習を開始することができる）。

「2月から、運動会の表現の練習が始まります。その理由は、先生の手を借りず、皆さん自身が創る運動会にしてほしいからです。

これまで、運動会の表現は、先生が考えたことを皆さんが教わる形でした。すばやく完成させるにはよい方法でした。ですが、運動会の本来の目標である、皆さんが創り上げる主体的な学び合いではありませんでした。これからは、先生の手を借りず皆さんが主体的に創る表現活動にします。

2月に、5年生一人ひとりがどんな表現にするかを考えます。同じ考えの人同士が4グループに分かれ、表現を創り上げていきます。

3月に、グループで考えた表現活動を2年生以上の皆さんに提案します。2年生以上

子どもたちで創り上げた表現活動

の人たちは、自分の好きな表現活動を選びます。表現活動は皆さんが選びますので、他の学年と同じ内容を選んでもかまいません。
4月からグループをつくり、練習をしていきます。自主練習が中心となります。練習したことを運動会の日に発表します（写真）。上学年の皆さんは、下学年の仲間に上手に教えてください」。

リニューアル運動会の成果

教師は、永久放送原稿や永久プログラム等が導入されたことにより、仕事が少なくなった。担任は演技図も書かなくて済み、ゆとりが出た。担任は一日中、学級の子どものそばにいることができ、子どもと一緒に運動会を楽しめた。

教師も子どもも「運動会疲れ」にならずに済

んだことは大きな成果だった。子どもがこなす行事から、自ら取り組む行事に変えることができた。

そして運動会終了後、教師は直後プラン方式により、立ったままのワークショップで振り返りを行った。ワークショップを受け、一役一人制の運動会の担当者は、翌日には次年度の案を提案することができた。その案は、事案決定システムを経て、直近の職員の打ち合わせにおいて周知を図れた。

このように運営方法を大きく変えたことにより、教師にゆとりが生まれた。また、子どもの自主性を育み2月から動き出す表現活動は、これまでの学校常識を大きく変えた。何よりも発表後の子どもの満足感が大きかったため、指導方法を変えられなかった教師も、変わらざるを得ない状況となった。これまでの「運動会の指導者」という教師の認識が変わった。

＊

新型コロナ対策として、午前中で終了する運動会も多くなった。だが、教師主体の表現活動はまだ行われている。子ども主体の運動会へと見直していただきたい。

学習発表会は出来栄えを求めない

学校改革の極意

①学習発表会は、出来栄えを求めるあまり長時間の練習となりやすい！
②すべてを変えず、これまでのよさを生かし新しい方法を取り入れる！
③学力や授業とバランスをとって実施できる行事を行う！

多くの学校で学芸会や学習発表会が行われてきた。ほかには、音楽会・展覧会等もある。学習指導要領の趣旨をふまえて、学芸会から学習発表会へと名称を変えた学校も多い。

しかし、名称を変えても、従来の学芸会と中味がまったく変わらないものも珍しくない。子どもが舞台に立つ経験、全校で見るよさ等を目的にしているからだ。

学習発表会の課題

子どもが主体的・対話的に取り組む内容であればよいが、学習発表会にはいくつか課題がみられる。

①出来栄えを求めるあまり、長時間の練習が行われる。そのため大人の満足のための演出となっている。
②特別時程の練習を組むことを当たり前としているので、教科指導に支障がでる。
③教師主導の内容もあり、「教え込み」の指導が行われている。
④学級で中心となる子どもが大きな役柄となっており、全員が満足のいくものではない。
⑤一堂に会して参観をするため、小学校では低学年が高学年の内容を参観しても理解できない。
⑥装飾にこだわるため、教師が多忙感から抜け出せない。教科指導に影響が出ている。

これまでのよさを生かし、発表形式を改善する

こうした課題を解決するために、学習発表会の改善を図ってきた。これまで行ってきたことを廃止するので、勇気が要った。学習発表会は、総合的な学習との関連で定着し

ていたからだ。

だが、参観的な要素が強かったり、学びの適時性、長時間の練習による学力の低下等に課題があると考え、見直しを図った。

このとき、全部変えるのではなく、これまでのよさを生かし新しい方法を取り入れた。人が一堂に会する発表会ではなく、隣接学年間で発表する形式だ。

高学年は、移動教室（修学旅行）で学んだことを1学期に発表する形式をとった。中学年は、環境学習などを2学期に発表した。低学年は、生活科で学んだことを3学期に発表した。いずれも保護者会のときに行った。全校で発表する形式ではないため、ゆとりのうちに終えることができた。

子どもたちが創り上げていく「合唱コンクール」

全校で一堂に会することも大事にしたかったので、新しく「合唱コンクール」を導入した。

校内にいつも歌声が響く学校を創るためである。合唱は、歌う本人だけがその価値を感じるのではなく、学校全体や学校の前を通る通行人などにもよい影響を与える。

また、学級の団結をめざすことをねらった。教師から言われるのではなく、子どもたちが仲間で主体的に取り組み、協働的に創り上げていく醍醐味も感じとらせたいと考えた。あえて学級対抗のコンクール形式にしたのは、競うことも重要と考えたからだ。

(1) ねらい……歌う楽しさや達成感を味わわせる。学級対抗を通して団結力を高める。

(2) 方法……クラスごとに「課題曲」「自由曲」を発表する。指揮は担任が担当する。伴奏は子ども・保護者・地域・教師が担当する。

(3) 賞……金・銀・銅の3賞

(4) 合唱コンクールまでの練習計画

- 4月：課題曲の練習を開始する。1・2年「もみじ」、3・4年「おぼろ月夜」、5・6年「ふるさと」。
- 5月：課題曲の交流をする。2年が1年に、4年が3年に、6年が5年に課題曲を教える。
- 6月：各クラスで自由曲を決め、練習を開始する。
- 9月：自由曲を交流会で交流する。

(5) プログラム

①はじめのことば、②応援団の応援、③クラスの合唱、④審査発表・講評、⑤全員合唱、⑥おわりのことば

(6) 永久司会原稿

司会原稿を何度も使用することをねらい、毎回使える「永久司会原稿」を作成する。

⑺　合唱コンクールの成果

校内に一年中、歌声が響くようになった。クラスの団結力育成のねらいを達することができた。子どもたちの自主練習が行われ、当事者意識の高い子どもたちが出てきて、学校が活性化した。

また、金賞をとった学級の「自由曲」が、以後の卒業生を送る会・卒業式・入学式などで歌われるようになった。行事のたびに新しい歌を覚えることもなくなり、時間にゆとりが出た。金賞学級の子どもたちが全学級に出向いて指導することもできた。

なお、合唱という活動の性質上、感染症対策には留意していただきたい。

＊

これまで学校行事に燃える教師をたくさん見てきた。多くの時間と労力をかける教師だ。その結果、学力の向上や授業改善が図れないという課題を見てきた。

これからの学校行事は、学力や授業とのバランスがとれたものにすることが必要だ。導入当初は、これまでの方法に固執する教師や保護者がいると思うが、費用対効果を中心に粘り強く説明することが大切になる。

何よりも、主体的・対話的に創り上げていく行事は、子どもたちの自主性が育つ。子どもも保護者も満足するので、試す価値がある。

行事を外部委託して教師の意識を変える

学校改革の極意

①コミュニティ・スクールの趣旨は浸透しているが、まだ課題がある！
②授業や行事の補助に外部人材を入れることに難色を示す教師の意識を変える！
③行事を外部委託し、「参観」から「スタッフ」という流れに変える！

中央教育審議会の答申を受けて、「地方教育行政の組織及び運営に関する法律」が改正され、学校運営協議会の設置が努力義務化された。

こうした流れのなかで、多くの学校が学校運営協議会制度を導入し、「コミュニティ・スクール」として学校の活性化を行ってきた。地域の実情をふまえた特色ある学校づくりを明確にするためである。

こうした趣旨は多くの学校に浸透しているが、まだまだ課題がある。「教育は学校だけが担う」という考え方が教師に残っているからだ。学校運営協議会制度を導入していても、教育活動の中心を地域が担うまでには至っていないのが現実だ。

地域連携について方針を示す

元勤務校で、地域の教育力を入れることに苦労したことがある。

「子どもの見守り」「花壇の整備」「土曜日の教育活動」「放課後子ども教室」などで地域の方の協力を得ることについては多くの教師が賛成したが、肝心の「授業」や「行事」の補助については、難色を示す教師がいた。また、学校や教師がお世話になったら返礼をするという、当たり前の考えを持つ教師も少なかった。

こうした考えを変えるために、校長として次のような方針を出した。

(1) 地域との連携

- 学校が多くの方にお世話になっていることを、忘れてはならない。
- 全体への奉仕者であるので、年2回以上の奉仕活動をする。
- 教師だけで学校を動かさず、保護者・中学生を学校運営スタッフに入れる。

(2) 具体的な連携内容

●地域の青少年に関する行事に、教師がボランティアとして参加する。

●運動会・学習発表会・合唱コンクール等の行事では、教師は子どもの側から離れられない。そのため、中学生・保護者・地域の方にボランティアとして入っていただく。

●サマースクールや補習活動では、中学生・保護者・地域の方にボランティアとして入っていただく。

外部委託による「読書選手権大会」の開催

学校では読書の時間を設定しているが、現実には子どもたちの本離れがある。本にまったく親しんでいない子どもがいるのも確かだ。

そこで、年に1冊でもよいから本を読んでほしいと考え、子どもが3人一組で課題図書に関するクイズを解いていく、クイズ形式の読書選手権を開催した(次頁写真)。卒業までに、6冊だけでも本を読んでほしいとの願いがあった。

運営は、外部人材に委託した。学校評議員、PTA、地域の方が運営の中心となった。教育は学校だけで担っているのではないという考えを教師に持たせたいというのも、開催の理由の一つであった。スタッフは外部人材なので、教師にはゆとりがあった。

読書選手権大会の様子

クイズとして、「登場人物は何人か」といった問題を、子どもが一人3問ずつ作成した。500人いたら1500問の問題ができるので、そこから外部スタッフに予選と決勝の問題を選んでもらった。

読書選手権大会の概要と流れ

(1) 大会のねらい

①本に親しみ、進んで読書に取り組む
②読書を通して、異学年と交流する

(2) 日時・場所

6月の6・7校時、体育館にて

(3) 課題図書

「漁師さんの森づくり」

(4) 大会当日までの事前準備

各学級で、担当の先生へ報告をする連絡員を

1名選び、連絡員打ち合わせ会を行う。

各学級で、1グループ3名のチームをつくり、各チームは自分たちで考えた問題3問と答えを連絡員へ提出する。選手権スタッフが問題と答えを集め、予選問題30問を作成する。そして、集会の時間に予選を実施する。採点は選手権スタッフが行う。

(5) 大会当日の進行（担当者）

①はじめの言葉（学校評議員）

②校長先生の話（校長）

③2回戦進出チーム発表（PTA）

④敗者復活戦（学校評議員）

○×クイズ用のロープを準備して、○×クイズを行う。

⑤決勝のトーナメント戦（学校評議員）

1回戦・2回戦は1問、準決勝以降は3問で行う。

⑥振り返り（全員）

⑦表彰（校長と学校評議員）

⑧終わりの言葉（学校評議員）

(6) 大会当日の仕事内容（担当者／準備物）

①司会進行（学校評議員／司会原稿）

②放送（地域の方／放送原稿）
③ステージ設営（学校評議員全員／会議用机、トーナメント表、早押し機械、くじ引き、ロープ）
④敗者復活戦用○×クイズ作成（ＰＴＡ）
⑤問題作成（連絡員の子どもと外部スタッフ）
⑥問題読み上げ（学校評議員／問題読み上げ原稿）
⑦児童管理（担任）
⑧表彰（学校評議員／賞状）
⑨挨拶（学校評議員／開会式・閉会式用原稿）

＊

読書選手権を外部人材に委託したことで、外部の方の学校への理解が深まり、学校参観からスタッフとして参加という流れに変わった。

課題図書は図書室にたくさん購入し、読むように勧めた。家庭では、子どもへおもちゃの替わりに本を買うようになり、読書選手権への理解が深まった。

本に親しむ子が増えたことも成果だが、外部人材を学校に入れることへの教師の意識改革ができたことが一番大きかった。学校行事は、学校（教師）だけで担うという常識を変えることができた。

卒業式を子どもの発表の場に変える

学校改革の極意

①卒業式は厳粛なだけでは、自分の生き方を考える場とならない！
②呼びかけ調の大人満足の卒業式ではなく、子どもの発表の場へと変える！
③全体練習が1回で済むようになり、ゆとりのなかで卒業式を迎えられる！

子どもが自分の言葉で語れる卒業式へ

卒業式は毎年来る。人生の節目の一つとなる式である。その卒業式が、学習指導要領の趣旨に沿う形になっているだろうか。

特別活動の儀式的行事のねらいに、「学校生活に有意義な変化や折り目を付け、厳粛で清新な気分を味わい、新しい生活の展開への動機付けとなるようにすること」とある。多くの学校が、この趣旨のとおりに行っている。

だが、疑問なことがある。卒業式が子どもよりも、教師や大人の満足のために行われている一面があることだ。

その一つが、小学校の卒業式で行われる「呼びかけ調方式」だ。子どもたちが考えた言葉を教師が練り直し暗記をさせ、卒業式の日に発表させる方式である。子どもが作成したとはいえ、教師の考えが色濃く入っている文だ。

また、卒業証書授与に合わせて、子どもが単語で「夢」や「希望」を発表する場合もある。いわゆる「形」としてはよいが、なぜか形式的に映る。こうした方法でよいだろうか。

学習指導要領においては、言語能力の育成と言語活動の充実がめざされている。そこで、子どもたちが自分の言葉で生き方を語る卒業式にするとよい。

私は元勤務校で、卒業式を言語力を育成する場として変えることについて、子どもたちに次のように話した。

卒業式に向けた子どもたちへのメッセージ

「これまでの卒業式は、6年生が考えた言葉を先生が手直しして、『呼びかけ調方式』で発表をしていました。また、卒業生の一人ひとりが夢や希望を発表する場合もありました。聞いている人には、上手な発表に映りました。

しかし、自分の生き方を自分の言葉で発表することがなかったと思います。『呼びかけ調方式』だったからです。卒業式は、6年間で最後の授業の場です。自分の生き方を発表する『自分さがし』の場なのです。そこで次のように変えます。

『呼びかけ調方式』から『自分さがし』の卒業式に変えます。6年生は、次のような方法で作文を書き、当日、発表してください。

『私は、この6年間で、○○ということを学びました。それは、○○という体験をしたからです。はじめ私は、○○でした。そこで私は、○○を行いました。すると私は、○○になりました。この体験から、私は○○ということがわかりました。だから私は、これから○○の生き方をしていきます』。

なお、一人ひとりが生き方を発表するため、全体練習はあまりしません。6年生が個人で練習をしておいてください。練習、練習、練習、本番という形式もとりません。先生や仲間との交流を最後まで行うためです。

自分の言葉で自分の生き方を発表する

きっと、ゆとりのなかで卒業式を迎えることができるようになります」。

「卒業証書授与」実施計画案

①卒業生は、小学校生活をふり返り、自分の成長と、これからの生き方を自分の言葉で発表する（**写真**）。

②在校生は、卒業生を心から送る気持ちをもつとともに、卒業生の発表を学ぶ。

③活動・練習内容

●自分の生き方の課題を見つける。●課題解決のために何をするかを考える。●自分のよいところを探す。●自分の生き方を発表する。●儀式作法を身につけ、卒業式に参加する。●個人練習を12月から行う。●学年練習は2時間とする。1回目（1時間）は卒業式の流れを習得する。2回目（2時間）は「自分さがし」の発表練習を行う。●全体練習は1回（1時間）とする。3年生以上で、卒業式の流れを確認する。

子どもたちが自分の課題を設定する、自分の課題を解決するために何をしてきたかを考える、課題を解決する方法を文にまとめる、これからの生き方の目標設定をする。これが新たに考案した、言語力の育成を図るための卒業式である。

全体練習が減ったことで、子どもや教師にゆとりが生まれた。子どもの言語力が向上したのは言うまでもない。

こけし作成と、8年後のこけし渡し式

卒業していく子すべてが順風満帆な人生とは限らない。そこで、卒業生がこけしを作成し、自分への手紙を入れ、成人式の日に指定した場所へ取りに来る制度をつくった。その意義を、子どもたちに次のように話した。

「6年生の皆さんは、もうすぐ卒業です。この学校から飛び立っていきます。これから楽しいこと、大変なこと、いろいろあるでしょう。

そこで6年生を応援するためにこの学校には、『こけし制度』があります。こけしを作成する理由は、これから生きていく自分の支えとなるからです。また、8年後に友だ

ちと再会し、心を通わせてほしいからです。それまで学校は、皆さんを見守っています。

こけしは、6年生が作成します。こけしに自分の顔と着る物を絵の具で描きます。その後、お母さん、お父さんがニスを塗ります。こけしの中には、自分への手紙『20歳の私へ』を入れます。こけしは、ガラスケースに入れておきます。

そして、8年後の成人式の日に取りに来ます。成人式の日の午後4時です。その場所で校長先生と担任の先生で『こけし渡し式』を行います。皆さんにこけしの中に入っている手紙を披露してもらいます。校歌を斉唱し終わりとなります。

8年後は、校長先生も担任の先生もこの学校にはいないと思います。しかし、卒業生の成長を見守るために必ず会いに来ます」。

学校は、卒業生を送り出せば終わりではない。子どもたちを応援し続けることも学校の仕事である。ふるさとの学校のこけしが見守り続けていることを支えに、活躍してほしいと願うばかりだ。

5章

トラブルを生まない
学校運営の極意

若手教師に社会人の常識を学ばせる

学校改革の極意

①若手教師の育成には、社会人としての生き方を学ばせる研修も取り入れる！
②校内OJTの要として「人材育成部」を設置し、OJTノートを活用する！
③ファースト会、セカンド会、ちょこっと塾などの研修組織を整備する！

多くの公立学校で、教師の入れ替わり・若返りが起きていることと思う。大量採用に伴う若年教員の育成が課題となっている。

民間企業であれば、こうした状況において、社会人としてのマナーや企業人としての仕事の仕方等を学ばせる。だが、学校の常識は違う。社会人としての資質が備わっていることを前提に、授業論に傾注する研修が多い。

つまり、社会人としての生き方の育成がすっぽり抜けているのだ。そのため、服務の問題をはじめ、以後の教員生活に大きな影響が出る。教員育成の整備を図ることが喫緊の課題である。

「人材育成部」の創設

これまでベテランの教師による若手教師の指導は行われてきた。しかし、若手教師にとって学校の全体像が見えにくかったり、組織として動くという意識が身につかなかったりする等の課題が見られていた。

そこで元勤務校では、こうした課題を解決するため、教師としての生き方や服務といったことについての研修を推進する部署である「人材育成部」を分掌に位置づけた。

人材育成部を設けたことで、校内研究で学ぶ内容以外の、社会人として「当たり前」のことを学ばせる場を設置することができた。また、校内研究と人材育成の研修体系がすっきりしたため、ゆとりをもって研修をすることができた。

会社の人事部と同じような存在となり、次のように学校としての研修体制が確立し、学校力もあがった。

組織全体で取り組むための研修体制

(1) 一役一人制の学校運営組織

56頁で述べたように、元勤務校は一役一人制の校務運営組織であった。若手教師にも重要な仕事を任せ、責任を持たせるようにした。

たとえば、新採2年目の体育主任が運動会を動かし、第3学年から第6学年までの縦割り班による表現運動を担当した。新採3年目の教師には、教育実習生や初任者の指導を任せた。別の新採3年目は研究主任にもなり、4年目には人材育成部の主任となった。皆、当初は手探り状態だったが、管理職が指導し職務を遂行させた結果、十分すぎるくらいの職責を果たした。職務の重責に大変だと感じたようだが、「抜擢されたこと」に感謝をしていた。現在も、それぞれの勤務校の中心となって活躍している。

(2) 事案決定システム

事案決定システム(61頁参照)により、教師は、作成した起案文書が審議の過程で差し戻されたり、変更を求められたりすることがたびたびあった。これにより質の高い文

ファースト会の様子

書を作成することができるようになった。起案文書の重要性も認識するようになった。

(3) ファースト会

人材育成部が担当する、若手教師を育成するための研修会がファースト会である（**写真**）。ファースト会は、校長・副校長・主幹教諭・人材育成担当者と、初任者～6年次までの若手教師で構成した。毎週水曜日に研修を行った。

内容は、授業技術、校務分掌、服務等であった。経験年数の近い者同士で交流したため、学ぶ意識が高かった。「自らの学習指導の成果を他の教師に伝えることができるのが嬉しい」「保護者対応について具体的に話を聞くことができ、参考になった」等の声が聞かれた。

ファースト会で社会人としての生き方を学ぶため、元勤務校で服務にかかわる問題はほとんどなかった。

(4)　セカンド会

セカンド会は、ファースト会に所属しないベテランの教師が参加する研修会である。ベテランの教師が若手教師育成のための研修資料を作成し、その資料で若手教師を指導する。

セカンド会を設置したことにより、学校全体で若手を育てていこうとする意識が高まった。ベテランの教師から、「若手教師から学べることもある。自己の授業改善も行っていきたい」といった声が聞かれた。

(5)　ちょこっと塾

若手教師に、国や都が主催する研修や先進的な研究を進める学校の研究会等に積極的に参加するよう促し、そこで学んだことを報告させる会が「ちょこっと塾」である。

カリキュラム・マネジメント研修会の報告、他校の授業研究会の報告等であった。

勤務時間外に短時間でちょこっと行う自主研修であったが、内容が充実していたため、ほとんどの教師が参加していた。若手教師にとっては優れた研究実践について学ぶ機会となった。また、プレゼンテーションや資料作成のスキルもここで磨くようにさせた。

(6)　ＯＪＴノート

学校独自のＯＪＴノートを開発し、人材育成を図った。ＯＪＴノートの作成では、まず、指導する内容のキーワードをワークショップで抽出した。その後、具体的な約束事を箇条書きで列挙した。

【具体的な約束事（出張の例）】

①副校長に一言言うようにする ②旅行命令簿を提出する ③学校から出発し、学校帰着とする ④上着、名札のTPOを守る ⑤印鑑を持参する ⑥全日出張後は、翌日の「ちょこっと塾」で報告をする ⑦1年に1回は、市外の研修会に行く ⑧出張先でいただいた資料は、他の教職員に還元する ⑨市の会合に欠席する場合は、副校長から連絡する

＊

校内ＯＪＴから職員の育ちが見える。当たり前のことが当たり前にできるようになった。うっかりミスも少なくなった。若手教師が「知らなかった」、ベテラン教師が「気づかなかった」ということがなくなった。

なお、ＯＪＴノートは、私のブログ「西留安雄の教育実践」で公開しているので、活用していただきたい（「西留安雄の教育実践　ＯＪＴノート」で検索）。

保護者との関わり方を明文化しておく

学校改革の極意

①学校（教師）が、子どもや保護者の願いや思いを受け止める！
②全教師で、保護者会実施の際の取り決めをしておく！
③三者面談で保護者に示す資料を決めておく！

学校側の立場だけで考えていないか

学校で大きな事件・事故が発生するたびに、その経緯や今後の方策についての報告書が出される。だが、依然として事件や事故がなくならない。

事件や事故が発生すれば改善策が出されるが、その改善策にはいくつかの特徴がある。

「教師間の意志の疎通」「教師間の共通理解」「保護者との連携」「カウンセラーの導入」

等の文字が並ぶ。こうした方策は、学校側の立場だけから出たものだと思う。子どもや保護者の立場に立てば違う方策が考えられる。「即時の対応」「子どもと向き合う」「子どもや保護者の意見をよく聞く」等となるはずだ。

これからは、子どもや保護者が学校（教師）に合わせるのではなく、学校（教師）が子どもや保護者の願いや思いに合わせることが重要ではないだろうか。

教師と子どもとの1対1のかかわり、その積み重ねが学校教育だ。教師が熱意をもってより長い時間子どもと向き合う、こうした考えに立つと、これまでの教師同士が向き合う時間を、子どもや保護者に向かう時間に変えられるはずだ。

保護者や子どもへの対応を、抜本的に見直すとよい。

細かい取り決めを定めておく

保護者や子どもへの関わり方についての細かい取り決めがないのが学校の現状だ。一人ひとりの教師の考えを重んじすぎるからであろう。

だが、学校はあくまでも組織として成り立っている。学校は企業と違うという考え方もあるだろうが、教職員が一枚岩になり、細かい取り決めのもとに動くのは企業と同じだ。

元勤務校では、ＯＪＴノート（156頁参照）に対応の指針を設け、組織の一員として動くように指導した。

(1)　授業参観・保護者会についての確認

授業参観（学校公開）や保護者会を数日に分け、実施する学校がある。そのため、保護者は何回も学校に来ざるを得なくなる。また、時間割どおりに授業を行うことが重要と考え、テストや体験学習を参観させる場合がある。こうした考え方でよいだろうか。子どもの学校での様子を見に来る保護者のためにも、一定の指針（**資料**）を作成しておくとよい。

(2)　三者面談（弱点克服面談）の実施

家庭訪問は交流が主となるが、働く保護者が増えている現状を考えると三者面談がよい。面談では、子どもの学習の弱点をデータを示しながら説明する。

夏期休業日の早い時期に、以下のように弱点克服面談を行うことで、ひと夏で課題解決を図ることができる。

●重要事項

子どもがめあてをもって今後の学校生活を送ることができるようにする。そのために、以下の３点をふまえて三者面談を行う。

①観念的な説明ではなく、具体的な資料をもとに説明を行う、②夏季休業中の具体的

資料：授業参観・保護者会に関する指針例

①文部科学省から指定を受けている内容を公開する

②１日３教科以上を公開し、教科の授業を見せる

③テストは行わない

④特別な発表（全時間、総合・生活科の授業）は行わない

⑤教室を主として使用する

⑥全国の教師の参観日でもある（ネットで紹介済み）

⑦親子レク、スポーツ大会、お楽しみ会に類する学級活動は行わない
（授業カットはしない）

⑧学校公開のためのアンケート用紙を用意する

⑨各学級の扉に時間割表を掲示し出席表を置く

⑩学年保護者会は、原則として行わない

⑪保護者会の時間は短い時間とする

⑫資料を揃える

⑬担任は清掃をして保護者を迎える

⑭保護者から出された内容は、職員のワークショップで紹介しあう

⑮副校長に参加人数を報告する

⑯初任者には、副担任が必ず付く

なめあてを7月上旬までに子どもに立てさせ、教師の指導を加える、③三者面談で話し合われたことが、その場限りではなく、以降の学校生活で達成できたかどうかを継続的に評価する。

●三者面談時に揃える資料

三者面談では次のような資料を揃え、指導と助言を行う。

①「あゆみ」ミニ通知表（自己評価含む）、②ドリルがんばり表、③各教科・総合的な学習等の学習状況（専科、教科担任も含む。ノートや作品等を具体的に示す）、④係や当番の活動状況、⑤夏季休業中の具体的なめあて（例：サマースクールに10回以上参加して、漢字を身につけるぞ！）、⑥第6学年は全国学力・学習状況調査の結果の説明、⑦「すばらしい、すばらしい」と言わない、⑧保護者の意見をメモする、⑨教室の清掃を担任が行い保護者を迎える。

(3) 連絡帳・メール・個人情報

保護者と担任がメールをしていることが判明したことがある。あわてて次のような禁止事項を指針に記した。

①保護者や子どもとのメールは禁止、②学級連絡網は個人情報なので取り扱いに留意する、③勤務中の保護者が多いので長時間の電話連絡をしすぎない、④児童名簿・成績・教員名簿等は、年度の終わりにはシュレッダーにかける、⑤USBメモリの紛失に

注意する、⑥個人情報をなくしたら管理職へすぐ報告する。

家庭訪問に対する保護者の思い

子どもがどのような家庭環境のなかで育っているかを見る機会と考え、家庭訪問を実施する学校がある。この論理が果たして通じるのか、元勤務校で家庭訪問を実施するかどうかのアンケートを保護者からとったことがある。

9割が「必要ではない」という結果が出た。仕事を休まなくてはならない等の理由が多かった。家庭訪問を行わなくても面談等で話し合いはできる、保護者の思いに応えたいと考え、即座に中止をした。

＊

保護者との会合の内容を、学校がリードして決める時代ではなくなった。保護者が多忙になっている現実を考えれば、保護者側に寄り添う内容に変えることは自然なことだ。学校リニューアルの一つとして考えてほしい。

気になる子の情報は
レポートで伝え合う

学校改革の極意

①気になる子の情報交換は、多忙な時期を避け夏季休業中に行う！
②情報交換からレポート方式に変え、自らの指導のあり方を振り返る！
③ワークショップを行い、お互いに褒めてアドバイス方式で学び合う！

毎年5月頃、子ども理解と称して、気になる子の情報を交換するための会議を開く学校がある。

担任する学級以外の子どもの情報を全教師が共有することは大切だ。とくに春先の情報交換は重要と考えてのことであろう。

だが、こうした会議は、効果があるだろうか。担任が替わるたびに毎年同じ子の名前が出たり、子どもを下校させてまで会議を開くことに価値があるとは思えない。結局のところ、「学校全体で声を掛け合って」というあいまいな結論で終わったり、担任の自助努力に任せられることが多いからだ。

子どもの情報は、担任が替わったら該当の教師で引き継げばよい。異動してきた教師を集め、担当者が気になる子の情報を伝えればよい。

情報交換からワークショップ・レポート方式へ

元勤務校では、子どもの情報を知らせる春先の会議をやめた。課題のある子の情報交換は教師間で個別に行い、学校全体としては夏季休業中に、生徒指導で行った成功例や悩んでいることをレポートにまとめて報告し合った。

多忙な春先に情報交換の会議を開くより、夏季休業中に対応策をレポートで報告し合う方が価値があると考えたからだ。

当初は、普段行っている授業研究会でのワークショップ方式を取り入れようとしたが、課題があることに気づいた。参観者が付箋紙に意見を書く方式では、お互いの考えが見えにくい。その解決策として、「ワークショップ・レポート方式」を取り入れた。

ワークショップ・レポート方式では、まず教師各自が生徒指導の実践をレポートにまとめ、自らの生徒指導の実践を振り返る。次に、お互いの実践を事前にレポートで読み合い、他の教師の指導方法のよさを学ぶ。その後、レポート報告会でのワークショップを通して、子どもや学級の課題を共有し、対応策を助言し合うようにした。

子どもの見取り方や支援方法を学び合うことで、全教師の生徒指導力を高めることができると考え、導入した。

ワークショップ・レポート報告会の進め方

(1) 日程

● 第1回：7月24日までにレポートを提出する。担当者が印刷・配付を行う。7月25日から全職員がレポートを熟読する。8月26日にワークショップを行う。
● 第2回：12月25日までにレポートを提出する。12月26日からレポートを熟読する。1月6日にワークショップを行う。

(2) レポート内容

子どもの実名は入れず、生徒指導にかかわる実践事例をA4サイズの用紙1枚にまとめる。指導の工夫とその成果、留意点等を書く。また、生徒指導で成果が出なかった事例も記述する。

なお、期間中に必ず全員のレポートを熟読しておく。できれば、ワークショップで話

生徒指導ワークショップのまとめ

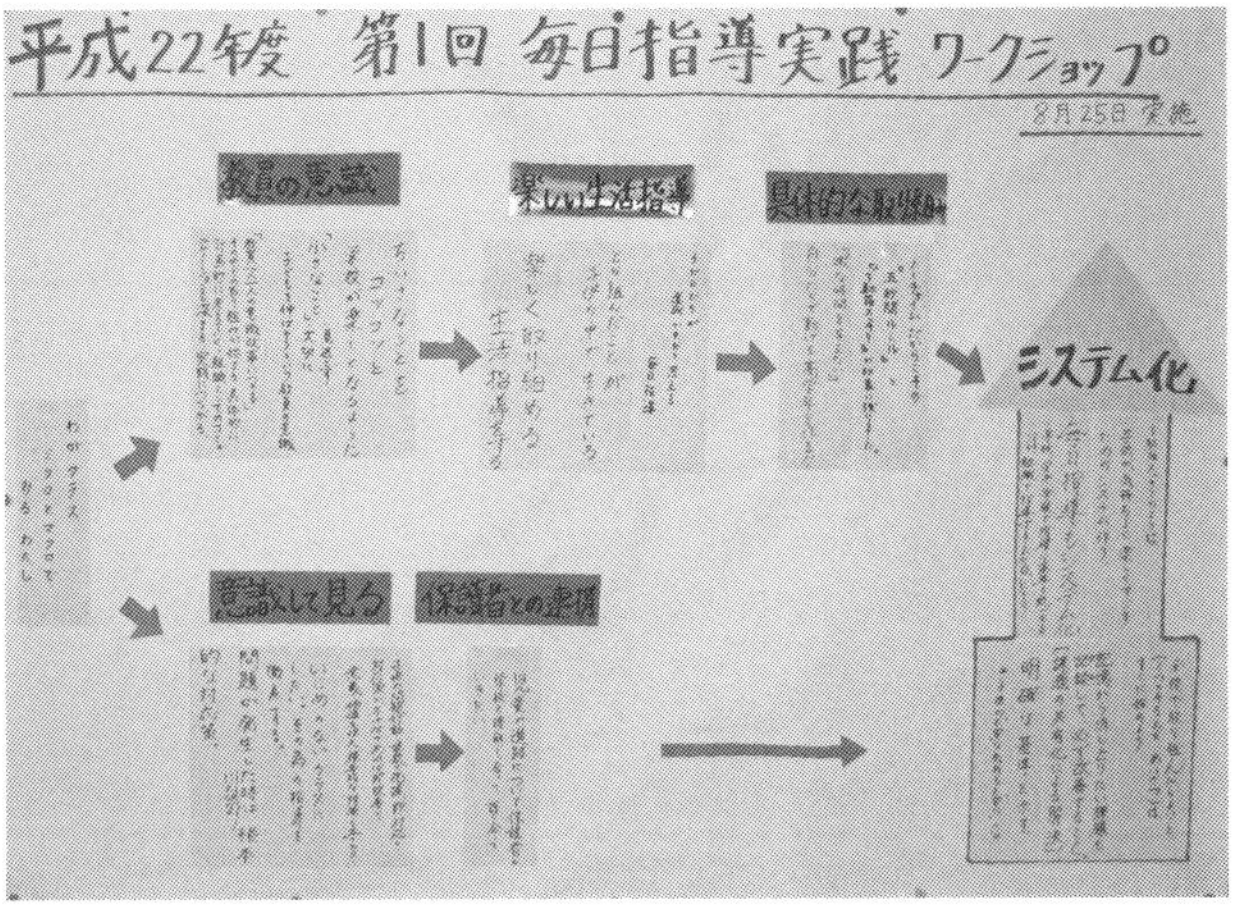

す内容を事前にメモしておく。

(3) ワークショップの進行

1グループ5人程度のワークショップを、メンバーを替えて20分×2回行う。コーディネーターは時間を計り、たくさんの人の意見を引き出す。その後、全員でのワークショップを20分間行う。

(4) 参加者の発言

1人40秒以内で自分の意見を述べる。つなげる発言はよいが、他者の実践を批判しない。他の人の意見に対しては共感的な発言をする。他の教師の実践から学んだことを述べたり、自分の経験から他の教師へアドバイスをし、自分の実践に取り入れられるものがあったら積極的に取り入れる。全体会では、ワークショップで学んだことを全員が発表する。

(5) レポート例

「7月10日、全担任が上履きの持ち帰りを徹底指導した。いつもは3分の1くらい残っていた上履きが、見事に持ち帰られていた。共通実践の成果が出た。

学校のリニューアルが始まって5年。生徒指導も順調に進んでいる。基礎学力や学習規律の定着も目を見張るものがある。これは、学力向上に向けて研究システムを構築し、教職員が一丸となって取り組んだ成果である。

だが、解決されていない課題もある。そのひとつが、生徒指導システムの確立だ。小学校では、学級担任が直接子どもの指導にあたるため、担任任せになりがちになる。この課題に対して明確な答えを出せていなかった。そこで、今年度から子どもが安心して学校生活を送ることができるように、中学校と連携をすることにした。

数年前から比較すれば、学校全体が落ち着いてきたと思う。しかし、少しでも油断をすれば崩れるのはあっという間である。これからも本校で開発したシステムを活用し、全教職員で組織的に実践していくことが重要である」。

＊

「子どもに作文を書かせるのであれば、自らもレポートを書かなければならない」。私が高知県の教員研修で話した言葉である。

この教員研修では、レポートを書くことに慣れていない教師が自らの考えをまとめた。

ペア学習の手法である「お互いに褒めてアドバイス」を、ワークショップ・レポート討議の会で実践した。子どもについて言葉だけで示すのではなく、レポートを書いて読み合うことで子ども理解が進むことを学んだようだ。

学校だよりで3ヵ月先の教育活動を知らせる

学校改革の極意

①教職員に、3ヵ月先に行われる教育活動の準備を促す学校だよりにする！
②校長がマネージャー的視点から書くと、内容が豊かになる！
③過去の教育活動のことより、新しい施策を保護者に理解していただく！

校長が書く学校だよりは、どんな内容がよいだろうか。校長の信念を書く巻頭言もよいだろう。保護者に学校の教育活動を知らせる内容もよいだろう。だが、それだけでよいだろうか。

学校だよりは、単なる「お知らせ」であってはならない。学校経営の戦略の一つとしての役割がある。一つの考えにこだわらず、新しい形式を模索するとよい。

これまでの視点を変えた学校だより

(1) 教職員を意識した学校だより

教育活動が円滑に行われるためには、事前の準備や配慮すること等を、数ヵ月前から教職員に意識させることが重要だ。

元勤務校では、3ヵ月先の教育活動のねらいを、学校だよりで教職員にも周知するようにした。学校改革や資質向上の重要性を、教職員に認識させる内容にしたかったからだ。

それが功を奏し、校長が行おうとする施策の徹底ができた。

(2) マネージャー力を発揮する学校だより

学校は組織体だ。学力向上や授業改善にもそれぞれの担当者がいる。しかし、その担当者が動かない、動けない場合がある。

それを解決するのは校長だ。そのため、普段から授業を知り尽くしていることが必要である。校長がよくわからないことを理由に、研究や授業を「研究主任」だけに任せるようであってはならない。

自ら学び、「授業を知り尽くしている校長」であってほしい。校長が授業を知り尽くしていれば、教師は頼ってくる。そこが重要だ。

校内研究やその内容を知らせる学校だよりを、校長がマネージャー力を発揮して書くようにするとよい。

(3) 新施策の理解を得る学校だより

元勤務校では、過去を振り返る学校だよりは一切書かなかった。終わったことより、新しい施策への取り組みを書くようにした。

それは、教職員のみならず保護者に、過去の取り組みよりも、新しい取り組みについてできるだけ早く理解していただくことが重要と考えたからだ。

一つの例だが、夏の個人面談の予定を、3ヵ月前には保護者に知らせていた。休暇をとりにくい保護者を想定し、早めに出したのである。これまで学校はこうしたことに疎かった。学校や教師の論理で考えていたからだ。

新施策への理解を得るためにも、3ヵ月先の教育活動をお知らせすることに力を入れるとよい。

リニューアル学校だよりの具体例

(1)　3月号「研究授業日は、第2の授業参観日」

ぜひ豊かな言語が教室内で飛び交っている様子を見てください。授業参観の日に、感想を担任へ伝えてくだされば幸いです。

第1回　3月10日（水）　A教諭・国語
第2回　4月21日（水）　B教諭・国語……
第39回　3月9日（水）　Z教諭・算数

保護者に研究授業を公開する学校が少ない。そのため、教師が研究授業に力を入れる様子を見たことのない保護者もいる。

ぜひ、もう一つの授業参観日として校内研究の授業を公開するとよい。「誰が研究授業をするのか」という議論もなくなる。全員が行わなくてはならない構図ができるからだ。

(2)　4月号「通知表・あゆみ」

●あゆみ

「あゆみ」は、年4回発行する途中評価のことです。2学期制に伴い導入しました。主に国語と算数の知識・理解面を評価します。

評価の観点について、国語は、教科目標から評価します。算数も、教科目標から評価します。評価基準は、［できた］学習到達度の8割以上、［もう少し］学習到達度が8割未満とします。

その説明を夏休みの三者面談時に行います。担任が「あゆみ」のデータを分析し、お子さんの課題の改善策を提案します。

●のびゆく子

「のびゆく子」は、年2回発行する通知表のことです。子どもの成長を総合的に記載しています。評価の観点は、教科の目標が中心となります。評価基準は、［できた］学習到達度の9割以上、［ほぼできた］学習到達度が6割～9割、［もう少し］学習到達度が6割未満とします。

評価関係のお知らせは教務主任が担う。だが、評価が滞りなく行われるためには、教務だけが書くものととらえず、校長も書くとよい。

保護者へ3ヵ月前に知らせるので、教師は学校だよりに書いてあるとおりに評価を行うことになる。校長は、教務関係者のマネージャー役を担うことになる。

(3) 7月号「三者面談」

子どもの学習課題を教師・保護者・子どもが共有し、解決を図ることがねらいです。教師間で申し合わせていることは次のことです。①具体的な資料をもとに説明する、②

7月上旬までに具体的なめあてを子どもに立てさせ、教師の指導を加えたうえで、三者面談で確認をする。

教師は次の資料をそろえてご説明いたします。①「あゆみ」(通知表)、②ドリルがんばり表、③各教科の学習成果、④生活自己評価(あゆみ)、⑤夏休みのめあて、⑥学力テストの結果(6年)。

面談は、7月いっぱいを予定していますが、担任によっては土曜日も行います。

こうした記述は保護者だけに向かって書いたものではない。むしろ教師を意識して記述したものだ。個人面談を教師だけに任せるのではなく、学校として6点の資料をそろえることを約束して実施するために書いた。

＊

元勤務校の学校だよりは、「他校と違う」と関係機関から説明を求められたこともある。

しかし、大きな学校課題を抱える学校は、過去を振り返るような記述をしていては何も解決できない。先を見て、「こうしていく」という記述を絶え間なく書き続けることが大切だ。

各校長には、ぜひ挑戦していただきたい。

学校の羅針盤となる手引き書を用意しておく

学校改革の極意

①新年度計画案や研究協議ノートを、職員の必携文書とする！
②学習の手引き書があれば、子どもは主体的に学ぶようになる！
③学校改革の具体像や方策を視覚化した手引き書があれば、改革はスムーズにいく！

最後に、本書で紹介してきた学校改革を実現させるために、学校経営の羅針盤として備えてほしい「手引き書」を紹介したい。

なお、ここで紹介する手引き書は「新年度計画案」を除き、私のブログ「西留安雄の教育実践」で公開しているので（185頁参照）、ぜひダウンロードして各学校で活用していただきたい。

直後プランによる「新年度計画案」

64頁で紹介したように、ＰＤＣＡサイクルは学校運営に向かないと考え、元勤務校では教育活動（Ｄ）の直後に評価（Ｃ）改善（Ａ）、そして次年度の計画（Ｐ）まで行う、「直後プラン」（ＤＣＡＰサイクル）を実施した。教育活動の直後に評価を行い新年度計画を立てるので、常に改善が行われ、よりよい内容となる。

たとえば運動会の実施後、ただちにワークショップ型のミーティングによって評価を行い、改善策を出し合ったら、次の日には改善策を生かした新年度の計画案を立て、事案決定システムを通して全員に周知する。

こうして各分掌ごとに作成した新年度の様々な計画案をそのつどファイルにとじておき、12月に「〇〇年度計画案」として1冊の冊子にしておくことで、新しい担当者が次年度の教育活動を滞りなく進めることができる。

プロフェッショナル・ティーチャーズ・ノート

「プロフェッショナル・ティーチャーズ・ノート」は、教師が一丸となって校内研究の主題を追究していくために必要な内容を収録した、研究協議ノートのことだ。

校内研究を進めるなかで、教師から「研究の方法がわからない」「前任校と違うからできない」といった声があった。そこで、どのように研究していけばよいのかを全教師に明確に示し、学校全体で授業改善を進めるために、このノートを開発した。経験年数に関係なく、全教師が自ら授業力を向上させていくこともねらいだった。

ノートの内容は、●作成の意図　●授業の原理　●授業改善のポイント　●問題解決型の授業展開の方法　●言語わざの学び合い方　●指導案の書き方　●校内研究の構想図　●校内研究の進め方　●授業スケジュールマネジメント　●校内研究会ワークショップの進め方、などだ。

このノートにより、校内研究の目的や方法が全教師に共有化され、その結果、組織的に授業改善を行うことができるようになった（「西留安雄の教育実践　PTノート」で検索）。

学習過程スタンダード

教師が指示・説明するだけの授業から、子どもが主体的に仲間と対話をして学んでいく授業に変えていくことが急務だ。

開発した授業づくりのガイドブック「学習過程スタンダード38」を活用すれば、どの教科、どの教師でも同じ水準で授業ができる。授業中の指導20項目と事前事後の指導18項目の、全38項目が記載されており、「問題解決的な学習」を定着させることができる。ブログで公開しているので、ぜひ各学校で試していただきたい（「西留安雄の教育実践　学習過程スタンダード」で検索）。

なお、2021年には、このスタンダードを身につけた教師向けに「進化型smile授業スタンダード」も公開している（186頁より一部掲載）。

また、高知県では若手教師向けに「高知県授業づくりBasicガイドブック」も開発しているので、こちらも参考にしてほしい（「高知県授業づくり　ガイドブック」で検索）。

まなブック

子どもは、授業という集団の学びを通して、友だちの考えを聞いて、自分の考えをまとめたり、知らないことを教わったりして新しい知識や学習方法を学んでいく。その具体的な方法を示したのが、子ども向けの学習手引書「まなブック」である。「まなブック」には、①問題解決学習の流れ、②学び合いの方法、③学習言語スキルの種類、④振り返りの方法、⑤各教科の学習方法、⑥ノートのつくり方などが書かれている。子どもたちに配付して、学び方を身につけさせてほしい。

「まなブック」の使用にあたり、教師間では以下のことを確認しておく必要がある。①全教科・全領域で問題解決型の指導方法をとる、②学習指導案に「まなブック」の使用箇所を記入する、③単元の開始時に子どもと学習の進め方を確認する、などである。

教師の多くから、授業を進めやすかったなどの肯定的意見をもらった（「西留安雄の教育実践　まなブック」で検索）。

ＯＪＴノート

156頁で紹介したように、元勤務校では服務やマナー等に関する独自のＯＪＴノートを開発し、人材育成を図った。

ＯＪＴノートの作成にあたっては、まず、教師によるワークショップで指導内容のキーワードを抽出し、その後、具体的な約束事を箇条書きで列挙した。

このノートをつくったことで、当たり前のことが当たり前のようにできるようになった。うっかりミスも少なくなった。若手教師が「知らなかった」、ベテラン教師が「気づかなかった」ということがなくなった（「西留安雄の教育実践　ＯＪＴノート」で検索）。

＊

紹介した手引き書は、東京の校長時代に私が作成したものを、高知県等での指導を重ねるなかで修正・改善させたものだ。多くの学校でさらに進化させ、学校改革を実現していただきたい。

おわりに

覚悟と責任を持って学校を変える

かつての勤務校で、子どもたちの問題行動がなかなか改善されず、学力も向上しないことに苦しんだ時期がある。どうにもならないような状態であった。

そこで、学習指導要領の改訂の時期とも重なっていたので、「この時期を逃してはならない」と考え、学校のあらゆる面の仕組みを変えた。

学校改革（校務改革・授業改革）に正面から取り組まなくてはならないことに対して、一部の教員から反対の声があがった。これまでの聖域化された「学校の仕組み」に切り込んだからである。

教員は、従来の学校の仕組みのなかで疲弊し、大変な学校の状態は日々感じていたが、いざ改革を促すと消極的な姿勢を見せた。これまでの積み上げが否定されるとの思いもあっただろう。

私は、教員が変わらないと何も変わらないことを伝え、「まずやりながら進めてみよう」と言った。どのように改革するかを議論していたら、結論が出るまで前に進めない。まずは取り組んでみて、「うまくいかなかったら元に戻せばいい」。

その言葉を言いながらも、心の中では「絶対に成功させる」という強い信念で改革を進めた。

学校の仕組みを変えられるのは校長だけだ。教員には自分の都合もある。互いに気持ちを察し合ってどう動けばよいか迷う者もいるだろう。だからこそ、校長が学校全体の視点から改革しなければならない。

校務改革には痛みが伴う。これから校務改革の仕組みづくりをされる方は、多かれ少なかれ、教員からの反発を必ず経験されると思う。

しかし、それを恐れて手をこまねいていては、学校の多忙な状況は変わらない。覚悟と責任を持って進めなければならない。強い思いと実行力が必要になる。

校務改革を軌道に乗せるには、いくつかの苦労があった。前例のない取り組みだったからだ。未知の改革を実行するには勇気がいった。これから取り組まれる方も苦労されることだろう。でも、実行していただきたいと思う。

本書に書いた取り組みは、すでに多くの学校で行われている。教員にゆとりが生まれ、子どもと接する時間が増えるなど、成果をあげている。本書の内容をご自分の勤務校の実態に合わせて調整したうえで、校務改革を行ってほしい。

なお、序章で述べたように、学校の諸課題を解決するためには校務改革だけでなく、授業改革と人材育成もあわせて行う必要がある。3章や5章でもふれているが、詳細は私のブログ「西留安雄の教育実践」や、拙著『アクティブな学びを創る授業改革』（ぎょうせい）を参考にしてほしい。

本書の内容が皆様の学校改革の役に立ち、さらなる学校の成長、子どもたちの成長に貢献できれば嬉しい。

最後に、日本中の先生方のお力をお借りし出版できたことを、この場をお借りしてお礼申し上げたい。「心からありがとうございました」。

ブログ「西留安雄の教育実践」の紹介

■ブログ「西留安雄の教育実践」では、
本書で紹介した各種手引き書がダウンロードできます。
(「西留安雄の教育実践」で検索)

■ホーム画面右上の「Blog」をクリックすると
下記のメニューが表示されるので、①～⑤を選択してください。

①子どもの学びに役立つ様々な資料がダウンロードできます。
②授業づくりのガイドブック**「学習過程スタンダード」**がダウンロードできます。
③子ども向けの学習手引き書**「まなブック」**がダウンロードできます。
④服務やマナーに関する人材育成ノート**「OJTノート」**がダウンロードできます。
⑤校務改革の手引き**「新学校システム」**や、校内研究の手引き**「プロフェッショナル・ティーチャーズ・ノート」**がダウンロードできます。

※上記の内容は本書刊行時のものとなり、予告なく変更される場合があります。

学びを起こす授業改革(2021)
アクティブ・ラーニング

【巻末資料】

進化型 smile 授業スタンダード 32
（抜粋）

子供たちへ～なぜ学校に行くのか？～

1　隣に聞く、隣を利用しよう

学校に来る理由の１は、分からないことがあったら、隣に聞く、隣を利用することです。学校にはたくさんの仲間がいます。「教えて」「分かった」という声が聞こえる授業が実は当り前の授業なのです。ぜひ、分からないことがあった仲間に聞いてください。分かる人は教えてあげてください。そのために学校はあるのです。

2　アウトプット(考えを発表する)

学校に来る理由の２は、アウトプット（自分の考えを話す）をする場だからです。人が生きていく上で知識を知っていることも重要ですが、相手に自分の考えを伝わるように話せなくてなりません。これまでの授業で先生と子供との対話で「単語」で話すことは、人と人の対話ではありません。単なる「合図」です。また、アウトプットでもありません。アウトプットは、自分の考えを理由を添えて話すことです。アウトプットの機会が多いと、自分の考えをまとめて整理することが出来るようになります。なお、アウトプットでは、聴く方の姿勢も大切です。お話を聞いたうえで、「つまり～ということですね。」と、言葉を解釈して返すようにしましょう。

3　書く（振り返り）

アウトプットが出来るようになると、自分の考えをまとめられるようになります。また、人に自分の考えを説明するときに、書いたものがあると、言いやすくなります。何よりも書くことが苦手ではなくなります。学校に来る理由の３は、書くことが出来るようになるためです。代表的な場が「振り返り」です。振り返りには、形式はありません。心で感じたことを自分の言葉で素直に書けばよいのです。振り返りに書き慣れると、たくさん文が書け、学習の内容が理解できるようになります。

4　アクティブな活動

学校に来る理由の４は、授業中、積極的に動いて仲間の考えを聞き話すようにしましょう。アクティブな授業です。全員が前の時間の振り返りを立ってのぶつぶつタイム。一人学びの前に分からない仲間に教えに行く。ペアや班でホワイトボード・短冊等を使い、10 人位の人数で行うゼミナール形式での討議。みんなの考えを見に行くワールドカフェ。全体での考察。このように連続した動きのあるアクティブな活動が続きます。一人ひとりが授業に参加しているという実感を持てますので学習内容が分かるようになります。「授業を先生中心から、子ども中心に変えること（アクティブな活動）」の日本への提言は、PISA（OECD 国際機関）からも出ています。

○提案する「進化型授業スタンダード」は、あくまでも一つの例である。
○学校独自の詳細な「学習過程スタンダード」を作成するときの参考にする。
○高知県作成の「授業づくりBasic ガイドブック」も参考にする。（ＨＰにあり）
○「学習過程スタンダード 38」で学び方を身に付けてからこの「進化型授業スタンダード」に入る。

第1章　授業の見直し

7　アクティブ・ラーニング（子供の二つの反応の違い）

アクティブ・ラーニングは、教師による一斉講義型の授業ではない。子供全員が活躍できるように主体的に授業に参加し、対話をしながら、深く考えていく問題解決型の授業方法である。高知、熊本、東京を回る中で転任者や新人の方に課題が見えた。「一斉講義型授業（教師がしゃべりまくる授業）」が多く、「問題解決型授業」に大至急転換をしていただきたいと願う。

A学校　　問題解決型授業
常に子供が自分たちで学習課題を見つけ、自分たちで解決できる達成感を味わうことでき、日々の問題を解決できる。

子供の二つの反応の違い

B学校　一斉講義型授業
教師が講義をする授業が当たり前と考える子供は、教師の説明を待つ受け身をとり、主体的に学ぼうとしない。

アルタイル！
ベガ！
調べたいな

先生が言うだろう
誰かが言うだろう

子供の授業での反応は、日頃の授業の在り方で違う！

みんなで付箋を出そう

先生が話す

手っ取り早く教師が知っていることを教える、教科書の中身を教える、これでは子供は学びに向かわない。**全教科で日頃から問題解決型の授業を行い、**子供が主体的な授業を行い、学びに向かう力を育成する。

アクティブ・ラーニング
一斉講義型の学習ではなく，一人ひとりの子供が**主体的**に授業を創り、仲間と付箋紙やホワイトボード等を使い、**対話**をしながら学習内容の理解を**深める**学習のことだ。

一斉講義型授業特有の「知識」は、他の手段で容易に手に入る。多弁な教師の授業は、「授業が分からない子」にとって、苦痛な時間だ。教師が知っていることを話そう話そうとすることが原因だ。教師が主役の授業は、子供たちの主体性を奪う授業となっていることに気付いているだろうか。

第２章　問題解決的な学習

１　問題解決的な学習の展開の仕方と留意点

問題(資料）の提示

○前時までの振り返りから，本時の学習課題を気付かせる。

＊子供の振り返りを活用し、学習指導要領に即したねらいから課題を導き出す。

○子供たちが問いをもてるような問題(資料)を提示する。

気付き（問いをもつ）

○自分で感じた疑問点や不明点・迷いを明らかにする。

○全体に気付きを紹介し、前提条件や解く内容を確認させる。

学習課題の設定　○課題を読む（１回目の学びの旅）

見通し（問いの共有）

○問題を解くための見通しを立てる（学習内容・学習方法・アイテム＊キーワード等）。

○問題を解くための見通しをもてるかどうかの確認をする。

○あらかじめゴール（まとめ）を書く口欄を黒板に設定し、課題とまとめの整合性を図る。

○学び合う方法（お品書き・シラバス）を共有させる。

○言語わざを提示する

○２段書き（①本時の目標文②考察文）とする

自力解決

○友達に説明することを意識して，自分なりに課題に対する答えを書かせる。

○自力解決が難しい子供は、仲間から学ぶ。

※全員に根拠を基にした考えを書かせる。そのための資料の提示や学習形態の工夫をする。

集団解決

【第一段階】意見や調べた事実の単純な意見集約

○考えを一堂に並べる（班毎に発表をしない。同じ内容となる場合が多い。時間がかかる）

○ＫＪ法で分類をする

【第二段階】学習課題に迫る学び合い（考察）

○再度、課題を読む（２回目の学びの旅）

○論点を整理する。

- 板書された内容について自分の考えを発表する。
- 友達の考えを聞く。
- 多様な考え方を知る。

◎子供同士の対話で展開する授業が基本

まとめ（価値の共有）

○再度、課題を読む（３回目の学びの旅）

○学び合いによって出されたキーワードを活用し，学習課題のまとめを行う。

振り返り

視点１　学習課題を解決した上で，学習問題に対する自分の考えをまとめる。

視点２　学び合いでの自己・友達の良かった点をまとめる。

視点３　これからさらに学習したいことをまとめる。

2　授業の枠組み

問題解決的な学習の１単位時間の詳細は、「学習過程スタンダード」や「高知 Basic ガイドブック」にも記載されている。そちらも参考にしていただきたい。技能習得型の授業も問題解決的な学習方法にピッタリ当てはまる。

1　問題解決型基本型

すべての授業の基本形となる。学習課題の「親戚」は、まとめだ。まとめの書き出しは、課題の１行目と同じとなる。

① 問題の提示
② 気付き（問いをもつ）

③ 学習課題の設定
④ 見通し

解決活動Ⅰ
*本時のまとめを意識した
アクティブ・ラーニング
⑤ 自力解決

解決活動Ⅱ
本時のまとめを意識した
アクティブ・ラーニング
⑥ 集団解決（考察）
・ペア
・班
・全体

⑦ まとめ（価値の共有）

⑧ 振り返り（補充・発展）

2　技能習得型教科

学習課題が「〜について出来るようになろう（技能）」形式の教科である。体育・図工・音楽等で⑦まとめの段階の工夫をしたい。

① 問題の提示
② 気付き（問いをもつ）

③ 学習課題の設定
④ 見通し（問いの共有）

解決活動Ⅰ
*本時のまとめを意識した
アクティブ・ラーニング
⑤ 自力解決
⑥ 集団解決（考察）
自力・ペア・班・全体

⑦ まとめ（価値の共有）

解決活動Ⅱ
*本時のまとめを意識した
アクティブ・ラーニング
⑥ 集団解決（考察）
・ペア・班・全体

⑧ 振り返り（補充・発展）
*まとめを入れた振り返り

3　単元型構成教科

下記の形式は、２時間授業を考えた授業である。学習課題から、振り返りまでを考えた上での構成だ。問題（資料）の提示は、１時間目にある。

① 問題の提示
② 気付き（問いをもつ）

③ 学習課題の設定
④ 見通し（問いの共有）

解決活動Ⅰ・Ⅱ
*本時のまとめを意識した
アクティブ・ラーニング
⑤ 自力解決
⑥ 集団解決（考察）
・ペア・班・全体

⑦ まとめ（価値の共有）

*前時のまとめを意識した
⑦ まとめ（価値の共有）

*本時の振り返りを意識した
③ 活動のめあての設定
④ 見通し（問いの共有）

解決活動Ⅰ・Ⅱ
*まとめを意識した
アクティブ・ラーニング
⑤ 自力解決
⑥ 集団解決（考察）
・ペア・班・全体

⑧ 振り返り（補充・発展）
*まとめを入れた振り返り

3　問題解決的な学習グッズ（熊本県荒尾市）

算数のグッズである。グッズで授業の様子が見える。グッズなし授業は、子供が主体的な授業が創れず、教師主体の授業となる。

1　シラバス

2　キーワード

キーワード	ず	ことば	しき	たて	よこ	ななめ

授業の流れ
かだいをつかむ
ひとりまなび
ペアがくしゅう
はんがくしゅう
まなびあい1
まなびあい2
まとめ
ふりかえり

3　気付き（問題・資料の読み取り・**問いの共有**）

(分)(聞)(ち)(求)　　(気)(考)(調)(ち)

算数系　(分)かっていること・(聞)かれていること・これまでの学習との(ち)がい・(求)める方法

国語系　(気)が付いたこと・(考)えられること・(調)べたいこと・これまでの学習との(ち)がい

(は)やく
(か)んたん
(せ)いかく
(わ)かりやすく
(い)つでも
　つかえる

4　めあて　**めあて**

5　見通し（学習内容・学習方法・アイテム＊キーワード）

6　げんごわざ

・一人げんごわざ

してん
□で考えると・・・となりました。

・話し合いげんごわざ

かいしゃく
つまり〇〇ということですか。

7　一人学び　**一人学び**　　8　学び合い　**学び合い**

おなじところ
ちがうところ
にているところ

9　まとめ　**まとめ**　　10　振り返り　**ふりかえり**

きがついたこと
わかったこと
しらべてみたいこと
キーワードをつかう

＊重要なポイント

1　見通し

答えの予想を立てる、前時までの学習との違い、前時に学んだことが使えそうだ、など、自力解決に向かう前に、何をどのようにしていけばいいのかを子どもと確認する活動。グーパー確認をする。

2　課題設定

単元の計画（流れ）や本時の「付けるべき力」を活かし、できるだけ、短時間で行う。ただし、単元の学習問題づくりなど内容によっては、時間をかける場合あり（社会科・理科や生活科など）。逆に、国語など単元計画が明らかな場合は、課題を提示しておく。

4　問題解決的な学習スタンダード（高知県佐喜浜小）

○○小学校　スタンダード

事前準備　キーワード
グッズ・まとめリード

授業スタート　前時《ぜんじ》の振り返り

今日《きょう》は何《なに》を学習《がくしゅう》するのかな？

も　問
1　問題提示《もんだいていじ》

「分かっていること・聞かれていること・前時《ぜんじ》の学習《がくしゅう》との違《ちが》いは・単位は」（算数・数学系）

2　問《と》いをもつ

か　課
課題《かだい》の設定《せってい》

問《と》いや本時《ほんじ》のキーワード、教科書《きょうかしょ》や指導計画表《しどうけいかくひょう》などから、課題《かだい》を決《き》めよう。

見
3　（見通し）と問いの共有《きょうゆう》

見通《みとお》しを持《も》つ(学習内容・学習方法・キーワード・アイテム・げんごわざ)
(求め方は？)式を使って・表を使って・図を使って・グラフを使って・ことばで,
絵・イラストを使って・吹き出しを使って・思考ツールを使ってなど)

じ　自
4　自力解決《じりきかいけつ》

まずは、自分《じぶん》で考《かんが》えてみよう！

ペ　グ　せ　全

課題《かだい》に対《たい》する答《こた》えを書《か》こう！理由《りゆう》も書《か》こう！

ノートづくり
メモの工夫《くふう》を入《い》れて

フリータイム
自由《じゆう》にノートを見合《みあ》おう

困《こま》ったら、ヒントをもらおう！
(写《うつ》す・聞《き》く・アイディアを借《か》りる・ノートを見合《みあ》う・ヒントカード…)

と　友
5　学《まな》び合《あ》い

みんなで考《かんが》えてみよう！

学

学《まな》び合《あ》い1

考《かんが》えを出《だ》し合《あ》う

聞《き》く力《ちから》

学《まな》び合《あ》い2
考察《こうさつ》

全員がホワイトボードに書き同じ所、にている所、少しちがう所、ちがう所をさがす。孫カードをホワイトボードに入れ構造化。特大ワークシートに全員が記入・短冊を全員が記入し構造化・全員が付箋を書きゼミナール形式・ゼミから再度付箋を書き黒板で考察。カット→グループ化→ネーミング→つなげる→まとめる。ペアで意見交流→班で(ホワイトボード・→みんなで！※3段階《だんかい》で発表《はっぴょう》➡意見《いけん》・理由《りゆう》「わけは…」確認《かくにん》「だから…」他

先生《せんせい》と確認《かくにん》しよう！

ま
6　まとめ
（価値《かち》の共有《きょうゆう》）

自分《じぶん》の言葉《ことば》でまとめよう！課題《かだい》とつなげよう！適応問題《てきおうもんだい》をしよう！
本時の課題に対する答えや結論・課題(目当て)とまとめは，対の関係

教科用語《きょうかようご》や課題《かだい》の一部《いちぶ》、
見通《みとお》しのワードを使《つか》う。

ふ
7　振《ふ》り返《かえ》り

振《ふ》り返《かえ》ろう！

ノートに「ふりかえり」を書《か》こう！　わかったこと・がんばったこと・友だちから学んだこと・知もっと知りたいこと）　＊学びの成果の実感や自己の変容

授業終了《じゅぎょうしゅうりょう》

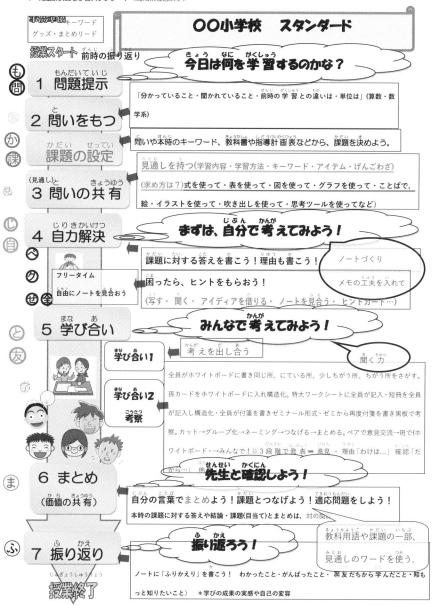

[著者紹介]
西留　安雄（にしどめ・やすお）

東京都板橋区稚竹幼稚園長／元東京都東村山市立萩山小学校長／元同市立大岱（おんた）小学校長。

大岱小学校在職中、指導困難校だった同校を、授業と校務の一体改革で、都内でもトップクラスの学力に引き上げた。

その経験を活かし、北海道、群馬県、東京都、神奈川県、長野県、兵庫県、鳥取県、高知県、熊本県、大分県、沖縄県など全国各地を飛び回り、授業アドバイザー等として学力向上や校務改革の指導にあたっている。

主な著書に、『アクティブな学びを創る授業改革』『どの学校でもできる！学力向上の処方箋』『「カリマネ」で学校はここまで変わる！（共著）』『学びを起こす授業改革（共著）』（以上、ぎょうせい）、他多数。

超多忙な教師たちを救う 学校改革の極意
――努力の前に、仕組みを変える。

2021年5月1日　初版第1刷発行
2022年11月1日　初版第2刷発行

著　　者　西留　安雄
発 行 者　福山　孝弘
発 行 所　株式会社教育開発研究所
〒113-0033　東京都文京区本郷2-15-13
電話03-3815-7041／FAX03-3816-2488
https://www.kyouiku-kaihatu.co.jp/
装　　丁　長沼　直子
印 刷 所　中央精版印刷株式会社
編集担当　武田　宜大

ISBN　978-4-86560-534-1　C3037